资助单位：
山东东沂勘察设计有限公司
山东标正建筑科技有限公司

教｜育｜知｜库｜

中学生教育心理咨询研究

许明月———著

光明日报出版社

图书在版编目（CIP）数据

中学生教育心理咨询研究 / 许明月著 . ‐‐北京：
光明日报出版社，2021. 6
ISBN 978‐7‐5194‐6097‐6

Ⅰ. ①中⋯ Ⅱ. ①许⋯ Ⅲ. ①中学生—心理咨询
Ⅳ. ①G444

中国版本图书馆 CIP 数据核字（2021）第 089273 号

中学生教育心理咨询研究
ZHONGXUESHENG JIAOYU XINLI ZIXUN YANJIU

著　　者：许明月

责任编辑：黄　莺　　　　　　　　责任校对：云　爽
封面设计：中联华文　　　　　　　责任印制：曹　净

出版发行：光明日报出版社
地　　址：北京市西城区永安路 106 号，100050
电　　话：010‐63169890（咨询），63131930（邮购）
传　　真：010‐63131930
网　　址：http// book. gmw. cn
E‐mail：huangying@ gmw. cn
法律顾问：北京德恒律师事务所龚柳方律师

印　　刷：三河市华东印刷有限公司
装　　订：三河市华东印刷有限公司
本书如有破损、缺页、装订错误，请与本社联系调换，电话：010‐63131930
开　　本：170mm×240mm
字　　数：208 千字　　　　　　　印　　张：15. 5
版　　次：2021 年 6 月第 1 版　　　印　　次：2021 年 6 月第 1 次印刷
书　　号：ISBN 978‐7‐5194‐6097‐6
定　　价：68. 00 元

序 言

　　教育如何保障学生身心健康发展？这并不是普通教育者所能回答的问题，却是每个普通教育者都要面对和解决的问题。

　　谈起我对教育心理咨询的认识，还得从教育咨询开始。关于教育咨询，如我国著名特教专家刘全礼教授在《教育咨询学引论》中所说：自教育诞生之日起，就诞生了教育咨询活动。我国自古至今教育咨询从未间断过，只是没有从教育体系中相对独立出来。在现今教育机制下，上至国家教育主管部门，下至普通教育工作者，乃至广大民众都会遇到有关教育的咨询问题。

　　从国外教育咨询发展来看，学校教育咨询并非新鲜事物。学校教育咨询最早起源于20世纪的美国，主要是为了帮助青年人学业选择、生活咨询等不同需要而设立。自20世纪60年代后，美国、德国、日本等国家的普通中小学设有专门教师负责这项工作[1]。随着时代的发展，教育咨询内容也在扩展，如日本的学校教育咨询室是实施健康教育的重要场所[2]，咨询内容涵盖学习、升学、就业和心理等诸多方面。原本纯粹的学校教育咨询，逐渐演变为教育心理咨询。

---

[1]　颜凡. 从美、德两国教育咨询的发展进程看我国教育咨询发展 [J]. 中外企业家, 2012（2）：71-72.

[2]　王建平. 学校教育咨询室：日本实施健康教育的重要场所 [J]. 外国教育研究, 2000（3）：59-62.

目前，我国教育咨询还是薄弱环节，处于迟缓发展状态，还不能满足教育发展的需求。刘全礼教授根据我的教育经历，以及我的知识与经验的积累，建议我从事学校教育咨询的探索研究，为学校教育发展尽绵薄之力。

我本认为从教三十多年，帮助学生填报高考志愿、回答学生或家长有关教育规章的问题、帮助学生解决学习生活中的困难、与同事或家长探索学生教育问题与心理问题、向领导汇报学情等，每项均属于教育咨询的范畴。教育咨询是日常教育工作中司空见惯的事情，因此，我最初对刘全礼教授的建议并没有当回事。

当我从事学校专职心理咨询后，在教育与心理相互交织的探寻中，才感到教育咨询的研究不是一般的小课题，教育咨询上至国家教育决策，下至学生日常学习生活、教师或家长的教育行为，涵盖教育的所有内容，遍及教育的方方面面。宏观的教育咨询应是社会机制，并非个人或某个组织所能为之。

随着我国物质文明与精神文明的发展，教育活动各要素之间的相互关系及其组织运行方式发生了重大变化。在教育政策决策机制方面，促进决策科学化、民主化成为我国教育改革的重要趋势。2010 年 11 月 18 日，国家教育咨询委员会在北京成立。国家教育咨询委员会是教育的宏观咨询机构，表明我国政府对于建立健全教育决策咨询制度已有新的认识，建立健全教育决策咨询制度成为当前教育改革和发展的重要任务。国家教育咨询委员会的成立，旨在解决教育咨询的宏观问题，是为上层教育决策者服务的。

微观教育咨询以学生心理特点及教育任务目标为基础，因此，教育咨询在微观上称之为教育心理咨询更为贴切，相比教育咨询更具有实践性意义。教育心理咨询所要回答的是，在教育教学条件下学生心理活动的规律及应用。对教育心理咨询的实践与探究，也是我这个布衣行者力所能及的事情。

从宏观的教育咨询到微观的教育心理咨询，均以社会系统为前提，附属于教育这个整体系统。看似简单的学校教育心理咨询工作，也具有极强的综合性和专业性。来访者咨询的问题，大到国家的教育方针、政策、法规，以及国际教育发展趋势，小到学生个体的学校与家庭教育，乃至心理异常学生的饮食起居。

当前我国学校的教育心理咨询工作，多为校领导和教职工分散或集中承担，很少有学校设专职人员负责。例如，遇到教育政策、法规、制度等方面的咨询由学校领导承担；遇到学科教育方面的咨询由学科教师承担；遇到思想教育方面的咨询由班主任承担；遇到心理方面的咨询由学校心理咨询师承担等。

由于当今学生问题与教育问题成因的多元性，以及解决问题的综合性，分散承担的教育心理咨询方式缺乏统一性，已难以满足来访者的需求。因此，教育心理咨询需要从经验向理论、分散向系统、兼职向专长过渡，还需要调集整个学校的教育资源，整合教育学、心理学、社会学等研究成果，构建一个多方面协同参与的研究与运作机制，并形成一支具有理论实践经验的教育心理咨询团队。

目　录
CONTENTS

第一章　普通心理…………………………………………… 1

第一节　调节注意指向，克服交往障碍…………………… 1

第二节　扩大注意范围，化解人际冲突…………………… 10

第三节　发挥感觉后象在学习中的作用…………………… 15

第四节　发挥无意识记，开发记忆潜能…………………… 20

第五节　如何不把知识还给老师…………………………… 24

第六节　了解杂念渊源，种好自我心田…………………… 28

第七节　心念相左，身心疲惫……………………………… 33

第八节　简单方法也可解决烦恼问题……………………… 36

第九节　别为边听音乐边做作业纠结……………………… 38

第十节　心念冲突导致的负面情绪………………………… 43

第十一节　潜动机引起的随机行为………………………… 47

第十二节　没说出的可能是无法表达……………………… 51

第十三节　烦扰恼乱，难觅其根…………………………… 57

第十四节　难以铲除只可抑制的意念……………………… 61

第十五节　烦恼依于专注又止于专注……………………… 66

第十六节　因势利导降低意念优势………………………… 69

第十七节　理想是在杂念丛中生根发芽…………………… 73

第二章　常规教育 ···················· **79**

第一节　怎样在落后的情况下前进 ·············· 79

第二节　预防大考前的时空障碍 ············· 83

第三节　预防心念冲突导致拖拉行为 ········· 87

第四节　化解交往中的自卑感 ············· 94

第五节　当下成绩未必决定未来 ············· 99

第六节　勿让父辈期望成为学习负担 ········· 102

第七节　领悟"威信"减缓落选的压抑 ······· 106

第八节　家庭气氛与孩子的手机依赖 ········· 110

第九节　如何预防考前预期性焦虑 ·········· 116

第十节　从投射原理引起的自我反思 ········· 120

第十一节　将需求欲望升华为追求境界 ······· 124

第十二节　如何减轻追求完美带来的焦躁 ······ 129

第三章　教育心理 ···················· **133**

第一节　不可或缺的"死亡教育" ············ 133

第二节　失去自我的学生 ················ 139

第三节　直面死亡感悟人生 ··············· 149

第四节　善是人生的缘起与归宿 ············· 156

第五节　防止被完美的追求绑架自我 ········· 161

第六节　认识情感规律学会调控情绪 ········· 166

第七节　让心灵焕发出人性的光芒 ··········· 172

第四章　自我认知 ···················· **178**

第一节　学习是个完整的心理活动过程 ········· 178

第二节　确定性观念的功与过 ············· 182

第三节　意识活动以不确定性为基础 ········· 188

第四节　关注心理系统的有序性 …………………………… 194

第五节　合情推理是认知的双刃剑 ………………………… 198

第六节　警惕演绎推理中的不合理理念 …………………… 202

第七节　谨防合情推理导致负面情绪 ……………………… 206

第八节　心理空间与心理事件的演变 ……………………… 212

第九节　从命题到观念澄清 ………………………………… 216

第十节　掌握简单逻辑避免走入认知误区 ………………… 222

主要参考书目 ……………………………………………… **226**

后　记 ……………………………………………………… **229**

第一章　普通心理

第一节　调节注意指向，克服交往障碍

心理导读：注意是意识活动的导向仪，也是意识活动的稳定器，它可以把你引向烦恼的深渊，也可以把你带入快乐的彼岸。

回味生活
HUIWEISHENGHUO

周末邻居同事有事外出，把上小学三年级的孩子送到我家中，让我照看着她做作业。这孩子还算听话，坚持做完作业再玩。可是，孩子总归是孩子，安安静静地写了十几分钟作业，她就和我搭讪道："爷爷，人若有三头六臂该多好呀！"我反问道："你为什么这么想啊？"她笑着说道："那就可以一边做语文作业，一边做数学作业，还可以一边和你玩呀！"

童言无忌，现在孩子的作业多，这想法也太实际了。看到她说完后的无奈表情，我说道："那你不就成了三个人了。若是做作业的那个想去玩，做数学的那个想去做语文，他们若打起架来，你可咋办啊？"孩子听后叹了口气，撅着小嘴更加无奈地说："哎！都怪我不能成为孙

悟空。"

何止孩子有如此想法，我们成年人忙起来也会有分身乏术之感。在我们的内心世界，各种想法经常会交织在一起，有时主次分明，有时相互争执，在某些境遇下，相互协同。有时我们的内心斗争，还会"打"得不可开交，闹得自己顾此失彼、犹犹豫豫、焦虑郁闷。更为严重的是在某些情境下，还会因内心争执不下而畏缩不前，或因担心自己会出错、出丑，内疚、自责，怕受惩罚等而瞻前顾后，不敢作为。

在客观现实中，几乎每个人都饱尝过鱼和熊掌不可兼得的无奈，事事难以面面俱到的苦恼。因此，我们除了尊重客观现实的制约外，还要了解自我身心机能的限制。既不可妄自尊大，也不可妄自菲薄，谋求主观与客观的和谐统一。

基本常识 JIBENCHANGSHI

辩证唯物主义认为，心理是客观现实在脑中的反映。现代科学研究表明，**心理活动**产生的方式是脑的反射活动。从近代研究看，心理的生理机制是"刺激⇒感受器 ⇔传入神经⇔神经中枢⇔传出神经⇔反射活动"。

按巴甫洛夫的反射理论来说，在外部刺激作用下，大脑皮层只有一个区域兴奋占优势，亦即建立一个**优势兴奋灶**，其他区域则处于相对抑制状态。优势兴奋灶区域激活的信息形成意识活动中心，大脑中存储的其他信息处于蛰伏状态，即无意识状态。输入脑的刺激信号，大多未形成优势兴奋灶，而被意识所忽略。如果出现两个或两个以上优势相当的兴奋灶，人会出现无所适从或心理动荡的状态，直至其中一个兴奋灶的优势胜出，人才能出现有效的外在与内在行为。

我们的肢体只能接受大脑的一个指令，或者接受若干个互不冲突指令构成的复合指令。例如，眼睛不接受既看前方又看后方的指令；一只手不能接受既触摸前方又触摸后方的指令。也就是意识活动具有指向性。身心是个有机整体，肢体运动都非孤立的或局部的运动，均需要整体的协同运动才能完成。因此，在某个瞬间，整个身心只能倾注于某个意识活动，这也就是意识活动具有的集中性。

心理学把意识活动中对一定事物的指向和集中叫作**注意**。注意从始至终贯穿于整个心理过程，只有先注意到一定事物，才可能进一步去观察、记忆、想象和思维等。它虽然不像认知那样反映客观事物的特点和规律，但没有离开注意的意识活动，也没有离开意识活动的注意。

注意的形成依赖于外部刺激的特征、生理和心理状态，注意是身心系统的功能。当注意选择或锁定某事物时，意识活动就会以此为中心或焦点，其他无关的刺激则被排斥在外，出现"视而不见""听而不闻"等现象，亦即注意具有**排他性**。因此，我们不仅感到分身乏术，而且在意识活动过程中，若不能有效地集中注意力，人的主观意识行为就难以顺利进行。咨询案例如下。

♥ 访谈案例
FANGTANANLI

【注】本书案例中的人名均为化名，涉及有关个人隐私的内容均做了技术处理，个别案例也征得了当事人同意，切勿对号入座。

董玉洁原本是爱美、开朗、外向的女生。入学不久和同学们围在一起讨论问题时，一位同学突然对她说道："离远点好不好，你的口臭臭死人了。"自此之后，董玉洁同学对口臭的事情耿耿于怀，虽经医生治愈后，她也不愿再接近他人，总担心自己再有口臭被人嗅到。慢慢地，她自我孤立起来，朋友越来越少，性格不再开朗、外向，并且时常出现躁郁情绪。

进入高三后，口臭带来的烦恼加上升学的压力，心理负担加重，董玉洁总感觉事事不顺心，难以安心学习。妈妈只好带她找到了自己上高中时的班主任……

交流摘要
JIAOLIUZHAIYAO

老师：除去那位说你口臭的同学外，还有没有第二个同学说你口臭？

董玉洁：没有。

老师：你恨那个说你口臭的同学吗？

董玉洁：只恨自己。

老师：为何恨自己？

董玉洁：因为是自己口臭影响到了人家。

老师：知道你口臭的人是否走路、学习、睡觉都想着你的口臭啊？

董玉洁：这倒不至于，可我与人在一起就想起这事。

老师：你在人际交往过程中，关注过他人的缺点吗？

董玉洁：没有。

老师：是不是认为自己有缺点而他人没有缺点？

董玉洁：他人也有缺点，但不像我那样引起他人反感。

老师：我经常抽烟，身上烟味很重，你嗅到了吗？

董玉洁同学微微一笑，轻轻点了点头。

老师：我是不是也得向你学习呀？

董玉洁同学立刻摇头，表示不可向她学习。

过程旁白
GUOCHENGPANGBAI

先澄清该生对事件的认知，有利于帮助她客观地看待问题。

追求自身完美之人，时常因他人的负面评价或未实现预期而自责内疚，甚至不能接纳自己的缺点，并且容易扩大其缺点对事件的影响，造成与现实不符的不合理的认知。在此老师使用了夸张式提问，故意使问题泛化，促使其认识到所持信念的不合理性、不现实性。

延伸分析
YANSHENFENXI

刺激信号能否进入意识取决于注意的发生与否，因此意识活动受制于注意的选择。这如俄罗斯教育家乌申斯基所说："'注意'是我们心灵的唯一门户，意识中的一切，必然都要经过它才能进来。"注意的排他性是意识活动目标性、任务性、计划性、有序性、连贯性和深入性的保障，但又会影响注意的广度、分配和转移等，以及障碍对其他信息的知觉。只有身心系统的协调运动，才能改变注意状态。

爱美之心，人皆有之。爱美者最忌惮自身引起他人反感的缺点，会尽力地完善自我。如果爱美者对于不能弥补的缺点，特别担心会被他人发现，并最大限度地掩饰缺点，这必将会增大其人际交往中的心理负担。

过于担心缺点被暴露的人，也在无意中强化了缺点在交往中的重要性，易造成强迫式恶性循环。原本是小缺点，在爱美之心的驱使下，也有可能引起交往中对自我的有意注意，致使交往过程中，既要掩饰自我缺点，又要关注他人举止言行，还要与人应答交流。如此的一心多用，表现为注意力不集中、内心慌乱、注意范围缩小，导致心灵门户变窄。

人的主观能动性表现为有意识的内在或外在行为。相对于生理的优势兴奋灶和相对于心理的注意，分别揭示的是意识活动指向与集中的特征，兴奋灶的优势越强，注意就越集中、越稳定、越长久，但这并不否定还蛰伏其他兴奋灶或无意识活动的存在与活动。特别是内心慌乱、注意力不集中时，蛰伏的心理活动相对增强，人就会产生无所适从感，甚至会出现焦虑、恐惧情绪。

如果较长时间出现上述不良状态，还可能会像本案例中的学生，造成性格改变或交往障碍。若一旦形成交往障碍，又必定压抑了青春期的交往欲，心中就可能再添郁闷或孤独感。

交流摘要
JIAOLIUZHAIYAO

妈妈：学生的意识活动中心就是学习，谁会把你这点事情放在心上？

老师：妈妈说得对。当怀疑某件事情时，你会怎么做？

董玉洁：努力去证实这件事情。

老师：在与人交往时，你是否也在证实有没有被人嗅到口臭？

董玉洁同学点头承认。

老师：在交往时，你证实自己的猜度，这是交往的主体目标吗？

董玉洁同学摇头否定。

老师：你和妈妈坐得这么近，不怕妈妈嗅到你的口臭？

董玉洁：不怕，她是我妈妈。

老师：你怕他人嗅到口臭，也可以说你没把同学当亲密姐妹？（引导）

董玉洁：我也想把同学当姐妹，可又怕口臭让人鄙视。

老师：你有没有把口臭带来的烦恼告诉过某个同学？

董玉洁：没有。

老师：如果某个同学把她的缺点告诉你，你会怎样看待她？（引导）

董玉洁：她信任我，我会同情或帮助她。嘿嘿，我在这点上不够真诚。掩饰缺点是对朋友的不信任，我有些虚伪了。

老师：不容忍他人生理性缺点的人，可以成为朋友吗？（引导）

董玉洁：如此心胸狭窄的人，没有必要和他（她）成为朋友。

老师：你的缺点岂不是鉴别朋友的试金石了？何必耿耿于怀呢？

董玉洁：确实不该耿耿于怀，可交往时还是担心。

老师：若再出现害怕口臭引起他人不适的念头，立刻把注意力转移到交往的主题，利用注意转移抛开不良念头，心境会慢慢好转。（肯定）

董玉洁：看来我的心理习惯还得慢慢改了。

老师：在交往时，能引起他人注意的不只是气味，还有很多其他方面的特征。如相貌、着装、仪表、言谈、举止、气质等。至于哪一方面成为他人注意的焦点，一是取决于哪个特征更为突出，二是取决于他人的内在心理倾向。你认为会被他人注意，他人未必能注意到。（引导）

董玉洁：也知道不必担心，可还是忍不住会去担心的。（顾虑）

老师：在交往过程中，通过优雅端庄的仪表，幽默或富有哲理的言谈，落落大方的举止，规范、真诚的礼仪，展现出自己的内在素养与气质，既可博得他人好感，又可避免人们注意到自己的弱点。当然，如果一个人某个方面具有突出的"闪光点"，也能起到"一俊遮百丑"的效果，降低人们对其弱点的注意度。因此，在交往过程中，通常不是关注自己的弱点是否被暴露，而是关注自己的优点能否得以展现。

董玉洁：道理是懂了，但难做到坦荡自然地与人交往。

老师：一般来说，通过外科手术切除病灶后，病人还需要较长时间的康复过程，我们要改变已有的习惯也是如此。开始察觉自己的习惯，就是改变自己的开端。

老师：你喜欢总掩饰缺点、爱表现自我完美的人吗？

董玉洁：这种人很虚伪，难以招人喜欢。啊，我内心也是这种人。（省悟）

老师：交往的出发点应是合理沟通，促成理解和信任，建立友谊。要做到这一点，还需要始终保持和善，即站在有利于他人的立场上。心底无私天地宽，人际交往正是如此。在交往中之所以拘谨，往往是因为苛求自我完美，担心缺点的暴露，图谋表现完美的自我，这恰是虚伪或者说自私的表现。

过程旁白
GUOCHENGPANGBAI

有时注意的焦点并非在事物本身，而是在证实自我揣度、猜测或怀疑。当然，有明确的注意目的、观察目标是对的，但若因此造成注意范围缩小，也会得不偿失。

在人与人的交往过程中，改变内在心理倾向引起的习惯性有意注意，首先需要改变其认知。借助其生活实践经验，是改变认知的有效途径。只有在认知改变的基础上实现习惯行为的改变，方可在未来的交往中，转移这种习惯性的有意注意。

事实上，人在每时每刻都有自己的意识中心，一般来说，与之相关的事易引起注意。即便与之无关的事引起注意，也会很快回到自我的意识中心。若某人与自己构不成利害关系时，一般不会在意他的言行、过失或缺点。

唯有从注意的特性理解这类心理障碍者，否则，一味地说教反而会加重他们的焦虑。老师建议该生在交往中，注意以下几点：第一，别在意他人是否在意你；第二，关注展现美好的一面；第三，提高内在修养，不刻意掩饰缺点；第四，注意力集中在交流的主题上；第五，与人为善即可心地坦然；第六，改变自己的习惯需要毅力和时间，切忌急于求成。

延伸分析
YANSHENFENXI

谁都渴望完美，但不如意却占十之八九。如何使自己幸福与快乐，有人提了半杯水理论，即人生就像半杯水，很难有圆满的时候。同样的半杯水，有的人注意的是缺少的那一半，有的人注意的是拥有的那一半。如果只注意缺少的那一半，那就是在扼杀快乐，就是在自我折磨。如果注意到整个杯子，人们的心态就会变得平和。在交往过程中，这个原理同样适用。

注意是"意识的'门户',快乐的'天窗'"。经常觉察自我的注意习惯,利用注意的选择性,避开干扰信息,使意识活动维持在既定目标上;利用注意的转移性,调节自我行为,摆脱烦恼的困扰,直奔既定目标;通过训练注意的稳定性,锻炼意志力,尽快地完成既定任务;借助注意的分配,训练综合技能,提高工作与学习效率;有意去扩大注意范围,更广泛地获取信息,提高综合认知能力。

教育启示
JIAOYUQISHI

中学生处于青春期,自我意识尚不稳定,按照艾里克森的理论,建立亲密关系是他们的重要任务。中学生在人际交往中,通过他人评价获得自信,并调整或完善自我,促进自我身心健康成长。因此,中学生非常在意他人的评价,并对评价内容非常敏感。面对自我失态、失误、挫折、缺陷等,即便对他人没有造成影响,只要没能达到自我期望,均可能引起内疚、自责,乃至动摇自信心。在中学生心目中,交往与学习成绩几乎同等重要。

防止过于关注某事物,以免造成注意范围缩小、注意转移困难、注意分配不合理的现象。若被注意的是其最担心发生之事,还会产生紧张、恐惧或焦虑情绪,甚至诱发焦虑症、恐怖症、强迫症、抑郁症等。

有意转移注意力,并非只凭毅力就可以做到,还需要认知与信念的改变、兴趣与动机的转移,进而让有意注意转化为有意后注意或无意注意,否则就会感到疲惫。了解青少年的心理特征,帮助其培养优良的注意品质,这也是教育的重要组成部分。

第二节　扩大注意范围，化解人际冲突

心理导读：心量狭小，滋生烦恼。心量广大，智慧丰饶。

回味生活
HUIWEISHENGHUO

在生活中，当我们遇到某人为了点小事与他人伤了和气的事，心里就会嘀咕："这人真是小肚鸡肠。"当我们无意伤害了某人，他不仅不在意反而劝慰说："没关系，你别在意。"我们心里也会想："这人大人大量。"心的大小，我们通常称之为"**心量**"，也称为"心胸"或"胸怀"。

心量的大小是人品的重要衡量标准，心量大的人称为大丈夫或君子，如平日常说的"大丈夫不拘小节""宰相肚里能撑船"。心量小的人称为小人或伪君子，心量越小越没气度，越容易和人分斤拨两、斤斤计较、不容他人，而且还会经常郁闷烦恼。如孔子所说："君子坦荡荡，小人长戚戚。"

我们经常有这样的体验：心小了，事就大了；心大了，事就小了。同样的事，有时我们非常在意，有时却并不在意，这说明每个人的心量都是可以变化的。所以，在生活中，我们经常听到各种宽心谣，以此劝人降服烦恼。

基本常识
JIBENCHANGSHI

心量并不是大脑拥有的信息总量，而是局限在大脑优势兴奋灶所激活的信息。也可以说，**心量**是被注意所选择、被意识所觉知的当下的信息总和及特征。因此，有时一件小事也可成为意识活动中心，令人感叹自我或他人心量太小。人在某时刻的心量，与此刻外在或内在注意的对象有着直接关系。

在心理学中，注意范围是指同一时间内，人们能够清楚地觉察或认识客体的数量或尺度。也叫**注意广度**。心理学家很早就研究注意的广度。1830年，哈密顿（Hamilton）就做过如下实验，他在地上撒了一把石弹子，发现人们很难立刻看到六个以上。若把石子两个、三个或五个一堆，人们能看到的堆数和单个的数目几乎一样多，因为人们会把一堆看作一个单位。

哈密顿的实验，还告诉人们一个道理：如果注意选择的是整体，整体所载信息量会远大于构成它的个体所载信息量，从而扩大知觉范围。因此，心量大小取决于注意选择的是整体，还是构成整体的个体或局部。案例如下。

♥ 访谈案例
FANGTANANLI

两个同学在自习课上，因一点鸡毛蒜皮的小事互不相让，发生口角，恰巧被前来检查自习纪律的班主任碰见。两人看到老师，争执虽然停止，但依然怒目相视，余怒未消。班主任见状，微微一笑，对此事一言未发，只是把其中一个喜爱画画的同学带到讲台上。

交流摘要
JIAOLIUZHAIYAO

班主任：沂山是离我们最近的大山，你去过沂山吗？（引导）

同学：去过。

班主任信手从讲桌上捡起一支粉笔，递给他说：画出沂山的全貌，并在山腰间画头牛，但牛与山的比例不能失调。（体验）

这位同学很快就画出了沂山全貌的轮廓，但他却不再画下去了。走到班主任的身边小声地说：老师，我明白了。（自觉）

班主任：大家暂停学习，让他把明白了什么告诉你们。

该生陈述班主任让他作画的要求后，说：我画不出老师要求的画，我想你们也画不出。因为看到沂山的全貌就看不到牛，看到牛就看不到沂山的全貌。这使我明白了一个道理：大山好比我们的学习、我们的理想、现在与未来的生活，牛好比是我和同桌争吵的事情。牛相对于大山来说微不足道，我俩的那点事，也根本就不值得争吵。（诠释）

过程旁白
GUOCHENGPANGBAI

让人们从负面情绪中走出来，一是使其明理，二是使其分散注意，三是使其转移注意。本案例中，班主任的介入具备了这三个特征。特别是把注意引向更广阔的时空，使学生意识到在某个时期看似很重要的事情，在整个人生中，却可能微不足道；在某个时空内很大的事情，在更大的时空内，却可能无足挂齿。

延伸分析
YANSHENFENXI

中学生活泼好动，思想活跃，同学间发生冲突在所难免。调节同学间因琐事产生的矛盾，先调查矛盾形成的缘由，搞清是非曲直，分清孰是孰非，再去调和、批评、教育或处罚，未必是上策。如中国古人所言"有容乃大"，方显涵养之高深。包容他人的过错，更能让人释怀。

注意广度在生活实践中有很重要的意义，注意广度的扩大，有助于一个人在同样的时间内输入更多的信息，提高工作效率，使人能够更全面地了解事物，更好地适应周围世界，更好地处理各种关系。听完这位同学的感悟，老师为了让学生体验内部注意广度的特点，随机讲了佛教禅宗的一则公案，并要求同学们扮演公案中的信徒，在听讲过程中进行想象。

❤ 典型案例
DIANXINGANLI

一位信徒问禅师："同样一颗心，为什么心量有大小的分别？"

禅师并无直接回答，却说："请你将眼睛闭起来，在心中建一座城垣。"

于是信徒闭目冥思，心中构想好一座城垣后，说："城垣造好了。"

禅师："请你再闭眼造一根毫毛。"

信徒又照样在心中造好了一根毫毛后，说："毫毛造好了。"

禅师："当你造城垣时，是只用你一个人的心去造，还是借用别人的心共同去造呢？"

信徒："只用我一个人的心去造。"

禅师："当你造毫毛时，是用全部的心造，还是只用部分的心去造？"

信徒："用全部的心去造。"

于是禅师就对信徒讲禅："你造一座大的城垣，只用一个心；造一根小的毫毛，还是用一个心，可见你的心是能大能小的啊！"

由于大脑皮层只有一个区域处于优势兴奋状态，所以人们的意识活动如同电视屏幕，每个时刻只能出现一个画面，或若干个画面组成的一个画面，至于出现什么画面取决于刺激与心理倾向。特别是在心理活动中，注意的选择性和转移性告诉人们：你想什么是自己能说了算的。

☒ 延伸分析
YANSHENFENXI

在佛教中，流传着达摩禅师一首偈子："心心心，难可寻，宽时遍法界，窄也不容针。"我们也经常会评论某人"心量太小，这点事情都容不下"，某人"大人大量，宰相肚里能撑船"。事实上，通过注意目标的改变，心量也会随之变化；同时，利用"尺度效应"，还可纠正自我观念。

所谓"尺度效应"，是指事物所处整体的规模，也是决定事物性质的一个重要维度。我们习惯于从个体的性质归纳出由个体构成的整体的性质，殊不知个体在整体之下具有个体自身所不具有的性质。在青少年心理工作中，有时我们与其就事论事，推演事件本身的利弊，有意强调或淡化事件的重要性，还不如从该事件与社会或人生的整体关系进行疏导。

遇事我们不反对思辨，乃至据理力争的自我辩护，不失对事物缜密的分析。但在化解因争执引起的烦恼时，不论对方态度如何，改变自我内部注意的尺度，扩大自我心量，可避免"只见树木，不见森林"的狭隘意识。

在明辨是非的基础上，包容自己与他人，同情因心量小而烦恼者，怜悯因执迷不悟而害人害己者。让自我心量拓宽再拓宽，让心量天天在增大。那么，引起烦恼的事物会相对变小，以至于隐去。以此法化解烦恼，方能做到"大肚能容，容天下难容之事"。心量大的人，更易做到严以律己，宽以待人，厚德载物，雅量容人；更易做到处变不惊，沉着冷静，客观地分析问题。有人不无夸张地说"做人的心量有多大，人生的成就就有多大"。

扩大心量源于扩大注意范围或改变注意对象，这是化解矛盾、减少烦恼的重要方法。例如，当中学生时常注意远大理想目标，那么眼前的是非、坎坷、烦恼、争吵、曲折即便被注意所捕获，也会很快淡化、放下，并把注意转移到与远大理想的实现相关的事物上，不再为眼前的事物所迷惑，心量自然会变大。

教育启示
JIAOYUQISHI

在教育过程中，教师关注最多的就是能否集中学生的注意力。为此，教师努力提高课堂的生动性、活泼性、趣味性、紧张度等，打造能使学生注意力高度集中的高效课堂；家长也会用激励或奖惩的手段，创造不会分散注意力的环境，促使学生集中注意力。除此之外，教师和家长还应关注学生在考试成绩、人际关系、行为过失等方面的烦恼，以免造成注意力不集中。

在教育教学过程中，更不容忽视内在心理倾向与注意的关系。扩大心量，降低烦恼，这是保障注意力集中的重要方面。如《大学》中所说："古之欲明明德于天下者，先治其国；欲治其国者，先齐其家；欲齐其家者，先修其身；欲修其身者，先正其心……心正而后身修，身修而后家齐，家齐而后国治，国治而后天下平。"其中的正心、修身、齐家、治国、平天下，正是扩大心量的过程。

因此，在教育过程中，帮助学生建立正确的世界观、道德观、人生观，树立远大理想，是扩大心量的重要途径。培养浓厚的学习兴趣，激发强烈的实现目标、完成任务的动机，形成明确的注意目标和任务，使学生具有明确的注意焦点，这是培养学生良好注意品质的基本保障。

第三节 发挥感觉后象在学习中的作用

心理导读：当刺激对感官的作用停止以后，个体对刺激的感觉并没有立即停止，而是继续维持一段很短的时间。

回味生活
HUIWEISHENGHUO

　　孩子随妈妈户外旅游刚归来，就兴致勃勃地向爸爸描绘所见所闻。爸爸对孩子的分享，越是饶有兴趣地聆听，孩子就越有兴致和爸爸分享。百忙之中的爸爸终于听完了孩子的分享，自以为可以去做自己的事了，可孩子又返回来继续和爸爸分享："对了，我还看到了……"

　　这个爸爸清楚，他若打断或敷衍孩子的分享，孩子就会从旅游的感受中走出来，若时间稍长就不可能再回忆起感受到的这么多东西，这次旅游的收获也就会大打折扣。所以，只要孩子兴趣不减，爸爸总保持着聆听孩子陈述的兴致。这类看似很平常的事情，却能成为教育心理工作者极为关注的问题。当我们了解了感知的特性，相信每位读者也会为这位爸爸点赞。

基本常识
JIBENCHANGSHI

　　在纷繁复杂的大千世界中，每时每刻各种刺激源源不断地作用于人的感官。这些作用于感觉器官的刺激中，只有引起注意的事物属性（选择性）引起脑的反射活动，而形成**感觉**。也就是说感觉也具有**排他性**。在感觉的基础上产生的**知觉**，对感觉信号进行分析后，才能对事物形成完整的印象。由于外部注意和内部注意均具有排他性，感觉与知觉形成的**感知**过程依然具有**排他性**，亦即感知的选择性。

　　在我们的感知过程中，被感知的事物是处在环境之下，环境是由若干事物构成的，而且每个事物都可能成为刺激源。在特定时间内，感知的排他性，使我们只能感受少量或少数刺激，而对其他事物只做模糊的反应。被选为知觉内容的事物称为对象，其他衬托对象的事物称为背景。如果某事物一旦被选为知觉对象，就好像立即从背景中凸显出来，被认识得更鲜明、更清晰，而被感知对象的背景中的其他对象，在意识中就会变得相对模糊。

当然，人的感官面对无数个刺激，如果感知没有排他性，人就会手忙脚乱、六神无主、一事无成，最终瘫痪在招架不住的环境之中。但是，由于感知的排他性，那些被过滤掉或模糊掉的刺激，虽没有进入意识的范畴，但是否在人的感官系统或者说神经系统留下了印迹呢？是否也被大脑所存储呢？这是有趣的、具有探讨价值的现实问题，更是具有挑战性的问题。案例如下。

❤ 访谈案例
FANGTANANLI

郑旭明同学因连续几次对老师刚讲过的内容回答不出或回答错误，有同学说他像块木头。郑旭明的自尊心与自信心受到了打击，怀疑自己是否真的记忆力差、反应迟钝。导致他上课时，陷入越怕遗漏老师所讲的内容，越容易顾此失彼的怪圈。老师了解这一情况后，通过下面实验帮助他解除困惑。

交流摘要
JIAOLIUZHAIYAO

老师从办公桌的抽屉中顺手抽出一本杂志，在郑旭明的面前不紧不慢地来回晃了一次，随即又放回原处。

老师：看过我晃动的杂志，你记住了杂志的哪些特征？

学生：我只顾想您为何晃动杂志，还没顾上仔细看是什么杂志。（前摄抑制）

老师：你上课时，是不是时常因关注心中的问题而分心？

学生：是的。我时常因思考心中未弄清楚的问题，影响听讲。（自觉）

老师：现在你回答我的提问，刚才那是一本什么杂志？（追问）

学生：数学通报。（感觉后象）

老师：封面有几种颜色？（追问）

学生：蓝色和白色，字是黑色的。（感觉后象）

老师：好了，不再问了。若问下去，你可能还会答出更多问题，如这本杂志新不新？是几开本？大约多少页？封面是否压膜？杂志晃动的时间？晃动杂志的速度？是否扇起风了？等等。

学生：是的，还能回忆起这些来。

老师：刚才你说没有仔细看，是不是有点自欺欺人？（否定）

学生：当时真未仔细看。若非追问，还不知记住了这些特征。我明白该怎么做了。（肯定）

过程旁白
GUOCHENGPANGBAI

原有意识活动的内容形成前摄抑制，是决定刺激能否引起注意的重要因素，也是提高感知能力需克服的问题。例如，心浮气躁时人们的注意力不集中，对外部刺激的感知能力下降；执着于思考心中的某个问题，也会缩小注意的广度，造成感知障碍等。这也是该生的问题所在。

从本案例中可以看到，那些当时未感知到的刺激，虽没有进入意识范畴，但经过联想、追问、暗示等方式，有的还能被重新感知。

延伸分析
YANSHENFENXI

西方心理学把上述老师的实验中，该生表现出的追忆现象，称之为**感觉后象**，即当刺激对感官的作用停止以后，个体对刺激的感觉并没有立即停止，而是继续维持一段很短的时间。尽管后续刺激源源不断地涌来，但依然可以利用感觉后象获得更多有价值的信息。

在感知过程中，背景中事物对感官的刺激是存在的，只是因这些刺激的方位、运动、强度、大小、对比度、独特性、奇异性等客观特征，或感知者内在的经验、情绪、动机、兴趣、需要、状态等主观因素的影响，而没有被意识所感知。但，不能否认未被意识所感知的刺激对感官的作用，也不能否认这些刺激在神经记忆系统的存在。通过"感觉后象"的实验，有助于启发该生提高自信心，更加有效地学习，摆脱顾此失彼的怪圈。

教育启示
JIAOYUQISHI

从近代研究看，感觉的排他性是由"感受器、传入神经、神经中枢"的功能性所致。个体感官接受的无数个刺激是客观实在的，只是感觉到的少部分刺激信号激活了大脑神经中枢，形成一个优势兴奋灶。更多刺激信号因强度不够或接收区域的兴奋度偏低，大脑只做模糊的反应，而没有引起感知活动，但这些信号已经输入并储存于大脑之中。这为教育者及时引导学生发掘"感觉后象"、扩大学生感知范围提供了可能。

感觉后象告诉我们，在教育过程中，学生的课后总结并非简单的要点归纳，有时需要课堂情景再现。因此，课后给学生留有时间，让其对课堂教学过程加以回顾是必要的。教师或家长在提问孩子问题时，应尽量给孩子留有回答时间，让他们主动还原当时感知的情，养成利用感觉后象重新感知的习惯。这也是学校教育和家庭教育都该注意的问题。

当然，现代心理学也承认"知觉是个体以其已有经验为基础，对感觉所获得资料而做出的主观解释"。因此，感知的排他性又离不开原有主观意识的作用。在我们的感知过程中，先验知识是形成知觉的重要因素。这也是造成不同的人对于同一事物有不同的感知结果的原因。只有承认个体间感知的差异性，才能理解或包容学生各自对课堂效果的评价。

由于感知活动受许多因素影响，正常人出现各种感知偏差并不奇怪。在教育过程中，值得我们关注的是那些经常出现明显感知偏差的学生。通常来说，感知发生异常变化或明显失常时，统称为感知障碍。面对学生出现感知障碍，首先要排除其感觉器官功能是否异常，或感觉信息输入、整合的神经通路等是否存在问题。防止对因生理原因造成感知障碍者按常规方式教育，否则，不仅不能使他们的感知得到改善，反之会引起焦虑、恐惧、抑郁等负面情绪。对于感觉器官功能正常的学生，主要分析个体感知的条件、背景、以往的经验、对象意义的理解、当时情绪与动机及人格特征等心理因素，进行合理的引导，培养他们的自信心。

第四节　发挥无意识记，开发记忆潜能

心理导读：大脑对某事物的觉知，只是获取或提取信息过程中显现的部分，而非所储存的此事物信息的全部。

回味生活
HUIWEISHENGHUO

孩子上了小学后，背诵课文成了基本作业之一。曾经有位家长对我讲，她监督孩子背课文时发现，孩子又读又背若干遍后，还是难以顺畅地背诵，她怀疑孩子的记忆力有问题。我问家长："你的孩子比一般孩子会说话的时间晚吗？平日语言表达能力怎么样？"家长回答说："不晚。这孩子背课文不行，在家里她的话比谁都多，而且经常使用一些不知从哪儿学来的刻薄的词句气人。"

听了家长的回答，我笑着问道："她又是怎么记住的这么多话？"这家长让我问得有点蒙了头，近乎自言自语地说："听她话多烦了，我还反感地质问她，哪来的这么多话？从这点上看她记忆力不差呀。"

我们知道，0～3岁是幼儿语言发展最快的时期，也是最为关键的阶段。细心的父母在实践中不难发现，宝宝在这个时期的语言发展速度相当惊人，只要稍加引导，宝宝就能说出一些多词句的话语，并学会使用各种基本类型的句子，说话时还会出现一些复合句。同时，细心的父母还会发现，宝宝掌握的许多词语、句子并不是父母有意教的，也不是宝宝有意学的。

幼儿在现实生活中，他们不知不觉地就能记住许多词语或句子，也就是在许多情况下，幼儿应用的是无意识记。当然，这种无意识记，并不是儿童的专利，我们成年人也经常如此记忆，要不然就没有"耳濡目染""潜移默化""近朱者赤，近墨者黑"等词语了。

基本常识 JIBENCHANGSHI

心理活动在形成与发展过程中，逐步就有了自身结构与功能，成为与生理系统并存且相对独立的心理系统，并且意识活动常给人以超然物外的感受。因此，在人类发展过程中，形成了以研究心理现象产生、发展及其变化的客观规律的科学——心理学。

心理学认为，记忆是人们思维中信息内容的储备与使用过程，记忆是决定思维能力的基本要素。因此，在学习过程中，记忆能力成为最受关注的能力之一。如何开发记忆潜能，提高记忆自信心，成为不可回避的话题。

记忆通常认为由识记、保持、回忆或再认三个环节组成。识记是记忆的开端，是对事物的感知在大脑中留下的印记。在记忆的识记阶段，由于感知的排他性，识记也具有**排他性**。回忆或再认源于意识活动的需要，离不开注意的参与，注意的选择性也会导致回忆或再认的**选择性**。因此，一般认为在记忆过程中就存在着信息遗漏现象，何况记忆的保持会受到前摄抑制和后摄抑制影响，遗忘也就成为正常现象。

从"感觉后象"的研究看，许多刺激导致感觉发生，但未必引起知觉，当然也未必能进入意识层面。由于人们经常误把记忆界定在意识的范畴，常常忽略"感觉后象"中蕴藏的信息。但"感觉后象"依然能存在于人的大脑，能引起重新感知，这些内容应属于**无意识记**的范畴。无意识记时常因没有引起意识活动，常常为人们所忽视，可无意识记也是记忆最常见的识记方式之一。

访谈案例 FANGTANANLI

化学老师边做演示实验边讲解，无意中发现史克磊同学在下面玩纸团。课后化学老师把他叫到办公室，提问他了有关实验的问题，结果史克磊同学对答如流，搞得本想批评他的化学老师欲言又止，但又不甘心对他上课不专心听课的事情就此放过。于是，发生了下面这一幕。

交流摘要 JIAOLIUZHAIYAO

老师：我做实验时，你在做什么？

学生：玩纸团。

老师：为何不专心听课？

学生：我不专心听课能回答出您刚才提问的问题？

老师：上课玩纸团这是专心听课吗？

学生：老师，您边做实验边讲解，难道也是不专心做实验？

过程旁白 GUOCHENGPANGBAI

从此案例中可看到，师生在课堂上均使用了有意注意、有意后注意和无意注意，利用了注意的分配、转移、选择、集中和广度等特性；也展现出记忆的识记、保持和回忆或再认过程。同时，还可看出老师因忽视学生无意识记与感觉后象的作用，而被其反问搞得异常尴尬。

延伸分析
YANSHENFENXI

一般认为记忆内容是那些被意识知觉，或追忆后被意识知觉，放大了强度的信号。但无意识记或感觉后象告诉人们一个秘密，在人的意识活动之外，存在着不被意识觉察的无意识记忆活动，而且其信息输入与储存量难以估量。这为人们开发记忆的潜能提供了可能。

感官时时处处在接受各种刺激，被感知到的仅是少部分。那些没有引起注意，未被感知到的刺激，依然有引起神经反应的可能，所形成的信号因未被意识觉知，其强度得不到放大，许多较弱的信号在神经传导途中因强度会衰减，即便被大脑接收到，也难以在内部重新被感知、回忆或再认，但不能否认这些信号在大脑中的存在。

在个体的生存过程中，那些没有引起注意，却被大脑摄入的信号，未必不影响人们的心理活动。从弗洛伊德的潜意识论的角度，可以建立如下假说，个体感官接收到的内部刺激与外部刺激形成的信号，被感知到的进入意识层面，而没有被感知到的直接进入或暂存于不被意识知觉，却能被意识追忆的**前意识**里。

不论意识层面的信息，还是暂存于前意识中的信号，随着后续刺激信号的涌入而被覆盖或抑制，逐渐进入到不能知觉或没有知觉的**潜意识**之中。意识、前意识和潜意识中的信息或信号，均为心理活动所需的资源。

教育启示
JIAOYUQISHI

意识、前意识和潜意识之间没有明确的界线，区别在于是否能够引起意识的觉知而引起注意。通过联想、追问、暗示、放松、催眠、刺激、梦境等方式，排除前摄抑制和后摄抑制，前意识或潜意识中的信息才可能被追忆起。由于意识活动中注意的选择性，追忆起的信息也是局部的、少量的、离散的，且与当前意识活动或刺激特征相关的信息。

沉积到潜意识中的大多数信息，一般不能直接被追忆起，而是间接地作用于意识活动，构成心理活动的重要动因。记忆能力的开发，离不开对感觉、注意、知觉、意识、前意识和潜意识的了解。例如，上节案例中的郑旭明同学，从谈话结束后，根据"感觉后象"原理，课下通过对课堂场景发生的次序，能追忆起老师讲的、被忘记的部分内容，重新恢复了记忆的自信心。

在现实生活中，及时追忆既可防止遗忘，又可弥补有意识记的不足，扩大记忆容量，提高记忆能力。当然，人脑接收信息的方式也可分为有意识和无意识两种方式，开发无意识记是开发记忆潜能的重要方面，也是教育的重要环节。

第五节　如何不把知识还给老师

心理导读：一般来说，刺激信号引起的脑区域兴奋优势越显著，关于刺激信号的认知活动就越深入，记忆水平也会越高。

回味生活
HUIWEISHENGHUO

从小我就养成了个习惯，在家中找不到东西就问母亲，她总能告诉我东西放在哪儿了。我上大学时，写给父母的信，母亲读不下来，只好找人代读。记得是1985年，我给父母买了电视，母亲就根据电视字幕认字，到了1987年，母亲就不再找人代读我弟弟的来信了。在我记忆中，母亲具有超强的记忆力，可母亲从来不承认自己的记忆力好。

从母亲的身世中，我才梳理明白，在母亲六七岁时，外祖父和外祖母为了让她活命，把她送到外乡地主家做小用人。这家地主没儿没女，只要地主家的东西找不到了，她就会遭到地主老太的责骂或惩罚。在这样的环境下，她养成了对家中的东西"过目不忘"的习惯。至于后来她能从电视上认字，也就不难解释了。母亲的个性对我们影响很大：一是她坚信学习能改变自己，学习差了就是没志气、没用功；二是从小找不到东西就问她，这种依赖使儿女自小没有养成记忆习惯，也就没有一个孩子有她那样的记忆力。

我从母亲身上明白了，人的记忆力虽然与先天有关，更与后天成长环境或后天培养有关。经常说自己天生记忆力差的人，大多是在为自己记忆不得力寻找合理化的理由，推卸主观责任，避免自责内疚。

基本常识
JIBENCHANGSHI

意识活动对刺激信号所载信息的分析，构成心理活动的重要组成部分——认知活动。认知活动依赖于所在脑区域的神经兴奋，从认知对记忆的影响来看，认知活动又强化了认知信息所在脑区域的兴奋优势，也即被认知信息在大脑形成记忆。在记忆过程中，那些经过深入认知、有着深刻情感体验或付出过意志努力而获得的信息，往往记忆更牢固，记忆保持时间也相对更长。

访谈案例
FANGTANANLI

在教学过程中，类似下面高二师生的对话场面并不陌生。

交流摘要
JIAOLIUZHAIYAO

老师：这个题目用到对数运算公式，你们还记得吗？

学生：忘了。

老师：好好回想回想，看看谁还能记起来。

有的学生在试着写，有的相互讨论，但没人主动回答。

老师：张雨绮同学，你试着说一下。

张雨绮：好像对数是指数的逆运算。

老师：对。那么积的对数等于什么？

张雨绮：忘了。还给高一的老师了。

老师：孙珊，你来回答。

孙珊：我也还给高一的老师了。

老师：有谁没有把对数知识还给老师的？请举手！

看得出部分学生没忘，却因不愿"抢风头"而沉默。

面对这种情形，老师没有再去给出这些公式，而是进行了下面的发问。

老师：谁经历过能让自己终身不忘的事？经历过的，请举手。

几乎所有的学生都举起了手。

老师：你经历的终身不忘之事有什么特点？

学生的回答虽有异同，但大多回答具有"深刻的情感体验"的特点。

老师：你记住了多少与自己无关的他人终身不忘之事？

学生承认他人之事多是暂时记忆，能终身不忘的不多。

老师：这些公式的由来不是你们经历过的事情，记不住也就情有可原了。想记住这些公式该怎么办？

多数同学回答道：自己推导出这些公式。

过程旁白
GUOCHENGPANGBAI

在当今的中学课堂上，相信很多教师不止一次地遇到过类似情景。或许教师与家长埋怨学生健忘，却没人会承认当今学生记忆力退化。这类现象说明，学生学习的主观能动性，以及其学习的认知活动过程存在问题。

　　自我经历和体验是获取知识的源泉。让学生自己懂得怎样学习，比老师告诉他怎样学习更有效。记忆要领也不是谁告诉你后就可使用，只有从自我经历与体验中实践出来，才可得心应手地去使用。

延伸分析
YANSHENFENXI

　　认知活动的发生依赖于刺激，以及刺激信号引起的脑部反应。神经运动与刺激的复杂性，导致心理活动的神秘性。人们探知自身的心理世界，不比探知物质世界容易，甚至比认识物质世界还难。从当前的研究来看，中枢神经反射活动与心理活动的机制依然是个黑箱。面对错综复杂的心理现象，经过千百年来人类的探究，被揭示出来的也只不过是冰山一角。

　　人们只能通过输入与输出的特性，观察并猜想内在机制。一般来说，刺激信号引起的脑区域兴奋优势越显著，关于刺激信号的认知活动就越深入，记忆水平也会越高。反复的认知，也会强化兴奋灶的优势，提高记忆水平，如孔子所说："学而时习之。"我们只可以利用关于记忆规律的现有认识，在教学过程中，发挥出最大的效益。

教育启示
JIAOYUQISHI

　　智能工具的使用，拓展了我们的记忆技能。智能时代的到来，冲击着我们对记忆的习惯要求。同时，我们对智能工具的依赖，也可能养成记忆的惰性。因此，在教学过程中，关于学生记忆的要求也应具有时代特征。

　　如何提高记忆力的论文、论著唾手可得，但读完后记忆力倍增的恐怕没有。简单地说，认知活动中脑兴奋优势的显著程度，直接影响兴奋优势的保持，亦即记忆的水平。修正学习过程中的不足，强化所学知识引起的大脑中兴奋灶的优势，才能不至于把知识还给老师。教育者应根据实际条件和学生个性特征，因地制宜、因人制宜地创设客观条件，激发学生的学习动机与兴趣，发挥学生的主观能动性，帮助学生自我开发记忆潜能。

第六节　了解杂念渊源，种好自我心田

心理导读：我们无法想象脑海藏匿了多少心念，可我们承认这无数的心念，或生或灭，此起彼伏，纵横交织，才构成了丰富多彩、不可思议的内心世界。

回味生活
HUIWEISHENGHUO

在《孟子·告子》中记载了一个关于弈秋的故事：弈秋是第一个史上有记载的专业围棋棋手，也是史上第一个有记载的从事教育的围棋名人。他教两个人下棋，其中一个人专心致志，一心一意，聚精会神，只听弈秋的教导；而另一个人虽然也听讲，可是心里却想着天上有天鹅要飞过来，便想拉弓搭箭去射它。这两个人虽然同跟一个老师一起学习，成绩却大相径庭。有人说，是后者的智力不如前者吗？明显不是这样。

这个故事告诉人们，在同样条件下，不同的态度一定会得到不同的结果。我们学习必须专心致志，绝不可三心二意。但是，真正做到专心致志地学习绝非易事。在我们的内心，随时随地都可能出现与当前意识活动无关的念头，而且出现这样的念头，就像晚上会做怎样的梦那样，并不受主观意识的控制。

在学校或家庭教育中，学生常因家长不厌其烦地唠叨要专心学习而厌倦，教师常因学生不专心学习而大动肝火。学生的学习专心与否，几乎成了教育的焦点、焦虑的本源。令人遗憾的是自古至今，也没找到保障学生专心学习的根本大法。不论是教育者还是受教育者，还得继续和分心为伍，以期盼专心为目标。

基本常识
JIBENCHANGSHI

从我们降临到世间，身体的各类感受器，连绵不断地接受着内部与外部的各种信息，任何信息传输到大脑，都会留下各式各样的印记，亦即形成通常所说的心理活动的基本单位——**心念**。意识活动即若干个心念的有序组合。

心念可以是形象化的图案、情感或情绪体验、态度状态、兴趣倾向、肢体感受，也可以是抽象化的语词、符号、概念、经验、需要、欲望、情志、逻辑关系等。在觉醒状态下，对外部事物、内部心念、身心体验的知觉，以及对知觉内容和自身行为的评价，也即所谓的**意识**。

有的心念虽然运动变化，却隐藏不露，使意识无法知觉，我们不妨把这类心念称之为**潜念**，如情感的成因、无明烦恼的形成、无意识肢体运动、杂念出现前的活动等，这些均可视为潜念的范畴；有的心念可被意识知觉，这类心念称之为**意念**，意念包括清醒状态下被觉知的心理活动过程及其内容。

心念是心理活动的基本元素，不论心念是隐还是显，均如同植物种子藏匿于广袤无垠的心田。只要遇到适宜的条件，心念都可能像种子那样会生根发芽，成为意识活动的中心，以至于成为我们生活的脚本。但是，心念的萌发，有时是随机性的，经常打乱我们的正常意识活动，从而成为杂念。案例如下。

访谈案例

FANGTANANLI

我们经常使用"心乱如麻""妄念丛生""思绪万千""浮想联翩""思如泉涌"等词来描绘自己的心境。学生在学习中，不仅要克服认知方面的困难，还要克服杂念带来的烦恼。我们先通过下面对话了解杂念的渊源。

交流摘要

JIAOLIUZHAIYAO

老师：你最近成绩很不稳定，能说说其中原因吗？

学生：老师，我最近上课经常开小差。

老师：开小差可不是一件愉快的事情。

学生：烦死了，不知从哪里来的这些杂念？（无明）

老师：这如同只见海面上波涛起伏，不见海面下暗流涌动。每个心念后面，可能有一连串的心事或本能的需求。（比喻）

学生：想来也是。心念冒出之前若不活动，也就冒不出来了。若顺着冒出的心念想下去，会越想越多。（自觉）

老师：在2500年前，释迦牟尼佛就说，一个被知觉的心念生灭，需要九十个刹那，但一刹那中有九百个潜伏着的心念生灭。刹那是古印度的计时单位，一刹那约0.018秒。这是说被意识知觉的一个心念从生到灭需要1.62秒，与此同时又有潜伏着的81000个心念生灭。当然，这些并非科学，只是用来形容潜伏心念活动的数量之大。（引申）

学生：若解题时，潜伏的心念冒出来就是杂念了。

老师：未必！冒出来的可能是与解题相关的策略、方法、知识、经验等。

学生：但与解题无关的就是杂念了。杂念冒出前是否属于潜意识啊？

老师：一般认为能被意识知觉的还属于意识范畴。心念是滴水，意识只不过是海面上的波涛。（比喻）

学生：杂念不符合我们的主观要求，可也是正常的心理现象。由于杂念生出来前的运动，不在意识知觉的范畴，不可思议。（自觉）

老师：正是这个不可思议，才说明我们存在潜能。若发现自己有许多杂乱无章的心念，切记不要烦恼。等有时间静下心来，把这些杂念秩序化，或许是一笔可观的精神财富。（引导）

学生：老师说得太幽默了。

老师：并非幽默。试想莫言的小说怎么写出来的？

看到学生困惑的表情，老师自语道：莫言就是通过语言艺术手法，把杂乱无章的心念秩序化，而写出一部部文学作品的。（引导）

学生听后，也半开玩笑地说：老师，您遇到杂念，不是烦恼，而是自豪吧？（感悟）

老师：顾不上理睬杂念时，它只能自生自灭，也无烦恼可言。（点拨）

过程旁白
GUOCHENGPANGBAI

用个不很恰当的比喻，人脑好比电脑。大脑中的意念，好比是储存在电脑内存的信息；潜念就如同储存在硬盘而没有进入内存的信息或病毒程序。在我们进行正常的意识活动时，杂念就如同硬盘储存的信息或病毒程序，随时可能在毫无察觉的情况下，侵入到正常的意识活动之中，挤占有限的内存，影响正常意识活动及其效率。潜念与硬盘中没有进入内存的信息所不同的是，潜念不被意识所察觉，但潜念处在活动状态，例如，人们睡眠时出现的梦境，这属于潜念活动的结果。

关于潜意识，一般认为是大脑中不被意识知觉的部分。在意识与潜意识之间，还有一部分虽不被意识知觉，但可以随时可能被意识知觉，或不被意识知觉却直接作用于身心行为，这部分属于前意识。当然，这些分法都是相对的，如同海里取出的海水，谁能否定其中有来自海底的水分子呢？

杂念并不可怕，可怕的是因杂念引起的烦恼。在现实生活中，有的杂念还可拓展我们的思维，有利于进行创新活动。至于那些阻碍我们意识活动的杂念，不去理会它，它也就会自生自灭，并不会引起我们多少的烦恼。

延伸分析 YANSHENFENXI

藏匿于心田的心念不是死寂的，而是每时每刻都处在萌动状态。只要机缘成熟，每个心念都可能成为意念。意念在意识中生根发芽，并且与其他心念相互联系、相互作用、相互杂交，形成我们的心理活动。即便进入睡眠状态，众多心念也会滋生出虚幻的梦境。心念又如无量的海水，意识只不过是海面上的波涛。

教育启示 JIAOYUQISHI

在意识活动中，心念生生灭灭，但不会消失。反之，意念生灭过程也作为种子藏匿于心田，无法想象心田中藏匿了多少心念。这些具有活性的心念，或生或灭，此起彼伏，纵横交织，才构成了丰富多彩、不可思议的内心世界。

我们记忆中似乎没有那么多心念，可现代心理学家通过各种手段证实：记不起不等于不存在。虽说心念能够遗忘，但遗忘不是泯灭。

在学习之中，开发潜念是学习的重要方面。不论学习改革，还是教育改革，请记住当代教育家魏书生的话："收缩成本，回归内心，超越自我，种好心田。"

第七节 心念相左，身心疲惫

心理导读：身心合一的体育活动具有修身养性之效。

回味生活
HUIWEISHENGHUO

自幼父母就教育我们遵从孔子的教诲，做到"食不言，寝不语"。当我懂事后，还曾认为这是封建礼教。在现实生活中，也见到一些家长让孩子一边玩着一边给他喂饭，并不足为奇。武术老师要求我练拳时，必须做到形、神、意、气和谐统一，我也并没有当回事。直到有一天，因为训练不专心，一个动作没有做好，导致肋部岔气而疼痛难忍，这才明白老师的要求是何等重要。这时，我也明白了"食不言，寝不语"，并非纯属封建礼教。

生活是人的生存方式，培养学生健康快乐的生活能力，这也是教育的目的。人类在实践活动中，积累了大量类似"食不言，寝不语"的常识，这也是家庭教育不可缺失的组成部分。生活教育包含建立在科学基础上的生活常识和规范，这也是提高学科学习成绩的前提之一。

基本常识
JIBENCHANGSHI

从系统论的角度看，生理系统和心理系统相互依存、相互联系、相互制约，共同构成不可分割的有机系统。只有身心协调一致，才能使身心达到最佳状态。反之，会造成整体系统的紊乱。

在前面的内容中曾提到过，我们的肢体只能接受大脑的一个指令，或者接受若干个互不冲突指令构成的复合指令。如果我们的身体处在两个或两个以上虽不冲突但不能和谐统一的指令下，身体会产生不适感，严重的还可能出现强烈的生理反应。案例如下。

♥ 访谈案例
FANGTANANLI

赵茜同学身体素质较好，并且是文体活动的积极分子，最近却因上操影响课堂学习，向老师提出不上操的请求。

交流摘要
JIAOLIUZHAIYAO

赵茜：老师，我上完操后感到很累，一节课的时间都休息不过来。

老师：若是体质虚弱，一要合理饮食，二要保证睡眠，三要适当锻炼。

赵茜：我也不知道怎么回事，但感觉不是体质的原因。

老师：你跑操时想什么了？

赵茜：一边跑一边想一些学习或生活中的问题。

老师：上操本益于健康，你身心不一，气血运行不畅。

赵茜：老师，我该如何是好？

老师：全神贯注地跑操，并通过铿锵有力的口号，把郁结的情绪喊出来。在几千人的阵势下，让把精神振奋起来。

赵茜听了老师的指导，跑操时不再思考与跑操无关的事情。几日后，她跑完操不仅疲惫感消失，而且感到神清气爽。

过程旁白
GUOCHENGPANGBAI

学生的许多小问题，有时是简单的原因造成。在生理没有病变的情况下，之所以上操出现不良反应，一般是违背了某些身心运行规律所致。专心致志，不仅能提高学习或工作效率，也有利于身心健康。

延伸分析
YANSHENFENXI

单从心理活动的角度看，许多情况下，身体运动是在潜念的支配下，可以不需要意识支配，例如，一边走路一边思考。如果当下意念和支配运动的潜念相冲突，就可能导致肢体运动停止或失衡。同样的，支配肢体运动的潜念时常转化为意念，也会影响当下正常的意识活动。

在如上案例中，该生可以边跑边思考。但是，思考的意念与运动的潜念难免产生抵触，这可能是造成身心不适感的心理原因。所以，身心合一的体育活动具有修身养性之效。因此，不适感的出现一定要从心、身两方面查清原因。

教育启示
JIAOYUQISHI

在中医、武术和气功（如太极拳、形意拳、瑜伽等）中讲求身心合一，事实上，个体的任何行为无不需要身心合一来实现。身心的和谐统一，是提高生理机能、思维效率的前提。在现代教育中，像体育、美术、书法、音乐等课程正是注重身心合一的训练，这些也成为中小学生的必修课。反之，在这些课程训练之中，若违背身心合一的原则，其后果也是可想而知的。

心理学家强调心理活动的内在协调性，是心理健康的重要标志。但在教育过程中，促进学生身心协调发展，是保障学生健康成长的关键环节。例如，学生的坐姿，坐或站的时间长短，每天活动量的大小都会影响学生的气血运行。另外，环境的亮度、湿度、有无噪声、空气的流畅与否、桌凳的高低等，都可能影响学生的生理，造成身心不协调，从而使学生出现身心异常变化。

学习不是单纯的智力活动，智力活动需要良好的身体状态做保障，调整好身体状态是高效学习的前提。教育者若忽视生理与心理的关系，就难以取得理想的教育效果。优秀的教育者，应该根据学生身体素质的差异，合理地安排学生的学习与活动，最大限度地保障学生身心健康发展。

第八节　简单方法也可解决烦恼问题

心理导读：一山不容二虎，一心不容二念。看似连续的意识活动，却是相对独立的意念构成的序列。

回味生活 HUIWEISHENGHUO

在现实生活中，面对不想干也得干的事，有人从心不甘情愿到心甘情愿地去做；有人虽三心二意还坚持认真去做；有人干脆拒绝去做；有人因别无选择而无奈抑郁；有人因别无选择而应付敷衍；有人暂时随遇而安却另谋他策；等等。面对同样不相干的事，人们会表现出各不相同的心态。不同的心态会出现不同的效果。

我国古人讲求"天时、地利、人和"三元具足方可事成。有些看似不合情理的事，当我们坚持做下去，有时会得到意外的收获；有些看似合情合理的事，有时未必取得如意的结果。故此，人们常说：谋事在人，成事在天。因此，充分地认识客观现实，充分地认识自我，调整好身心状态，才能应对客观变化。

基本常识 JIBENCHANGSHI

常言道："目不能两视而明，耳不能两听而聪。"注意具有排他性，注意导引下的感知活动也具有排他性，内心的每个意念存在过程中同样具有**排他性**。亦即一个意念产生后，之前的意念必须成为潜念，同时还不允许其他意念与之并存。若再有意念形成，必须取代当下的意念，取代后的意念同样具有排他性。案例如下。

访谈案例
FANGTANANLI

在班级工作中，每当调桌前后，班主任常遇到如下情况。

交流摘要
JIAOLIUZHAIYAO

学生：我看到宋某某的言行就反感，这次排桌时别把我俩挨得太近了。

老师：既然反感，就少看他多看书，这不也是好事吗？

学生：看到他的言行就想到他的自私，满脑子全是他。

老师：你每次看到他就去想学习，他就是你学习的监督员。

学生：能行吗？

老师：你不去试试，怎么知道能不能行？

一个月后，该生对老师说：开始这个办法不管用，看到他心就烦，越想越生气，无法安心学习。后来把写有"看见他就学习"的纸条贴在桌面上，再见他就低头看纸条，提示自己去学习。如此坚持了两周多，他真成了我学习的监督员。这种放弃烦恼的方法很简单，开始用起来却很难，贵在坚持。

过程旁白
GUOCHENGPANGBAI

我们知道放映机的胶片是一个个独立的画面。但放映时，看到的是连续的动作或场景。意识也是如此，看似连续的意识活动，也是一个个相对独立的意念构成的序列。只是意念的变换速度太快，我们无法知觉而已。

若放映机的两个不相关的画面重叠，其结果可想而知。两个意念也是不能同时并存，即在每一瞬间只有一个意念独占心灵，亦即"一心一意"。正如巴甫洛夫学派所认为的那样——同一时间段只能有一个优势兴奋灶出现。

延伸分析
YANSHENFENXI

　　某个意念形成后，相关意念会接踵而至，构成一个意念链条。利用意念间的相对独立性，可在两个意念间插入与之无关的意念，斩断这个意念链条。瞬息间斩断的意念链条，可能会随即链接，但不断地插入就能打破原有链条，最终建立起新的意念链条。

教育启示
JIAOYUQISHI

　　有些教育方法看似荒诞，若符合心理规律未必不奏效。可是，教师习惯于"晓之以理，动之以情"，让学生接受其建议的方法，学生也只有清楚建议的合理性或科学性才愿意接受。因此，教育者也是学习者、探究者。

　　教无定法，教有定规。在这个案例中，如果教师采用说服教育，改变该生对同学宋某某的认知，并非易事。但是，通过这种斩断讨厌宋某某的联想链条的方式，使该生将注意转移到学习中，自然就放下有关来自宋某某的烦恼，同时，两人关系还可以得到缓和，这是一举三得的事情。

第九节　别为边听音乐边做作业纠结

　　心理导读：意识具有统和、管理和调节身心系统，实现对行为的指导功能。人们习惯于把个体外部行为归因于意识的作用，但事实并非完全如此。

回味生活
HUIWEISHENGHUO

在我小时候，经常听老人说：男抖腿贫，女抖腿贱。不知何时，自己抖腿却不能自制。只有当人提醒时，抖腿动作才能停一会儿，过后又不自觉地抖了起来。抖腿的坏习惯可谓是屡教不改，甚至是明知故犯。所以，我很少去指责他人抖腿，这不只是因为恪守"己所不欲，勿施于人"的准则，主要是清楚指责几乎没有多大的意义，反而让他人感到不自在。

在日常工作或学习中，各种约定俗成的规则制约着人们的行为，哪怕是不影响学习或工作的下意识动作，也可能遭到监督者的谴责。自己每当受到这类谴责，有时是恍然大悟，竟然在这种场合有如此动作；有时是极度冤屈，我也没有影响所干的事情，你管得也太宽了吧！但是，当自己站在了监督者位置，才发现许多他人的下意识行为，给我以不管不快的感觉。

基本常识
JIBENCHANGSHI

在日常生活中，意识似乎是一言一行的主宰。在意识的指引下去想、去做，除睡眠之外，感觉我们的行为总受意识的支配。事实真是如此吗？

一般是六点钟起床的你，若在晚上睡觉前，告诉自己明早必须四点半起床，到时你真的醒了。这并非生物钟的规律，也非意识主宰的行为，而是潜念的作用。再如，耳朵就像一台不停息的雷达，自动地接收周围的声波也是无意识的行为。据此你会发现，行为的主宰不仅仅是意识。

在我们的心田中，无论意念还是潜念，都是人们行动的脚本。在此，把意念引导下的内部行为或外部行为统称为**有意行为**，潜念引导下的行为称为**无意行为**。

在意识活动中两个意念难以并存，亦即"一心不能二用"。意念的排他性，致使有意行为也具有**排他性**。犹如《韩非子·功名》中所言："右手画圆，左手画方，不能两成。"在每一瞬间只有一种行为是有意行为。

有意行为的排他性时常遭到质疑，例如，熟练的汽车司机看着路况，听着周围声音，掌着方向盘，踩着油门，甚至还可以与乘客聊天等，多个行为同时俱存，互不干扰。这可谓是"眼观六路、耳听八方、手足并用"。意念与潜念共生共存，相互渗透、相互制约、相互配合、相互转化，由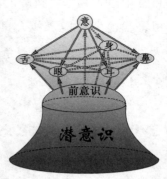此引起的有意行为与无意行为，也是如此。司机的开车过程中，每个有意行为之下，有多个无意行为与之并存，这并不否定有意行为的排他性。两种行为也可随注意的转移而转换。例如，有意行为是看路况，若注意到路况不好，降油门转化为有意行为，观看即为无意行为。无意行为的参与使司机得以轻松驾驶，甚至紧急情况下，无意行为能自动做出处理。

有时意念与潜念的高速转换，使人难以分辨行为是有意还是无意。但如学车伊始就非如此，必须一心一意地进行每个动作，这说明有意行为在多次重复、熟练掌握的情况下，才能转化为无意行为。

访谈案例
FANGTANANLI

由于有意行为与无意行为的共存性，有的学生学习过程中，同时伴有某些与之无关的行为。所以，经常听到家长如下的埋怨。

交流摘要
JIAOLIUZHAIYAO

家长：老师，在家中，孩子边听音乐边做作业。真不知如何是好？

老师：你们制止过孩子边听音乐边做作业的行为吗？

家长：每次制止，他都会犟嘴。理由还很充分，说什么听音乐学习注意力集中，还说什么配乐朗诵诗更让人振奋。现在的孩子让人难以理解。

老师：现在的学生边学习边听音乐，可以说是司空见惯的现象。你们制止所带来的副作用，不比所顾虑的音乐带来的副作用小。

家长：也不能总听之任之呀。

老师：关于听音乐与学习效率的事情众说纷纭。

过程旁白
GUOCHENGPANGBAI

一般认为学习活动是有意行为，意念的排他性不容许与之无关的行为伴生。也即，既听音乐又学习的两个迥然不同的意识活动，不可同时存在。但不容否认的是：一种活动为有意行为；另一种活动为无意行为，两种行为既可交替转换，又可同时并存。因此，边听音乐边学习有以下几种情况：

1. 若两种行为频繁转换，或听音乐的潜念激烈活动，则难以专心学习，甚至是烦躁不安；

2. 若听音乐是有意行为，学生就谈不上学习行为发生；

3. 若听音乐是无意行为，听音乐的潜念一方面会抑制与学习无关的心念活动，利于学习；另一方面会抑制与学习有关的心念活动，会影响学习。

延伸分析
YANSHENFENXI

常言道：日有所思，夜有所梦。这句话表达出有意识活动与无意识活动具有整体性和相关性。在意识活动中，对记忆中事物的检索，是将潜念转化为意念的过程。只有潜念不断转化为意念，意识活动才得以维持与深入。潜念受意识的影响，虽不被意识知觉，但也在做相关活动。意识活动与潜念活动有时相辅相成，有时也相互抵触，从而表现出不同的情绪、心态或无意识的出错等。也就是说，潜念活动对于当下意识活动，具有促进或障碍作用。

威斯康星大学神经学家保罗·惠兰说："我们每时每刻的行动大部分都是无意识的。如果每件事都处于意识的前沿，生活就会是一片混乱。"认知神经科学家认为，人们仅在5%左右的认知活动中是有意识的，因此我们大多数的决定、行动、情绪和行为都取决于超出意识之外的那95%的大脑活动。

电影、电视剧、朗诵、会议、游戏、做操等经常使用背景音乐，在某些工作场所使用背景音乐也不足为奇。但是，数学课堂上使用背景音乐，就会成为奇葩之事。背景音乐可渲染气氛，也可聚气凝神，还可扰乱心智。我们因孩子边做作业边听音乐而纠结，孩子因家长的反对或反感而心堵，这种"剪不断理还乱"的事情，还是要和孩子在沟通中，争取相互的认同。

教育启示
JIAOYUQISHI

我们对自我意识活动形成机制的认知极为有限，所能认知到的不过是冰山一角。因此，我们很难弄清类似边听音乐边学习的是非对错，供我们评判的只有这类学生的学习效率或成绩。

从意识活动来看，在专注的学习状态下，平缓舒畅的音乐引不起有意或无意注意，也就干扰不到有关学习的意识活动。若学习中遇到困难，听音乐就可成为有意行为，并能抑制与学习无关的心念活动，泯灭学习中次要信息形成的兴奋灶，便于重新思考解决问题的方法。

因此，喜欢边听音乐边学习的孩子，父母不宜盲目责备，要正确引导，尤其在选用音乐及何时听方面，协助孩子做正确选择，这样既可培养孩子对音乐的素养，又可促进学习效率。只有当学生培养起浓厚的学习兴趣，激发出强烈的学习动机，才会自然断掉边听音乐边做作业的习惯。

第十节　心念冲突导致的负面情绪

心理导读：有意行为体现了个体认识世界、改造世界的主观能动性，无意行为却是个体行为的基础与保障。二者冲突，又是负面情绪的根源。

回味生活
HUIWEISHENGHUO

我们看到他人发"无名之火"时，会猜疑他背后的原因。可自己偶尔出现莫名其妙的消沉、愤怒、郁闷、烦躁或冲动等心境时，会发现连自己也说不清为什么。于是，经常会听到有人发出警告："我今天心情不好，谁也别惹我！"

在医生看来，人的心情可能与身体的内分泌有关，而且心情也会影响内分泌。在许多情况下，我们的心情会因某件事情的出现随之改变，这似乎又与内分泌没有多大关系。例如，在我们郁闷时，意外的收获会使心情会立刻发生转变。

一般来说，心情受到外部刺激、食物与药物、生理因素和心理因素等影响，作为教育者更多关注的是其心理因素。了解内在心理因素的变化，探索调节心情的措施或方法，创设有利于学习、工作和生活的良好心情，这是心理工作者和教育工作者始终面对的重大课题。

基本常识
JIBENCHANGSHI

许多学生学习时，伴有与学习无关的动作，若对这些无关动作并无知觉，即为无意行为，或者说下意识行为。无意行为在被意识知觉前，通常并不影响有意行为。在较强刺激、积极思考和紧张的状态下，无意行为会减缓或消失。故此，时常把学习时伴随的无意动作视为不专心。

细观身心运动，无意行为遍及身心各处。在许许多多的无意行为参与下，促成身心整体的行为产生。例如，你使用电脑录入时，不需要意念指挥手指的伸曲，手指就会自如地根据意识要求敲击；足趾被砸伤，腿会无意识地弯曲。无意行为是个体行为的重要组成部分。案例如下。

访谈案例
FANGTANANLI

若教育者谴责学生学习中的的无意行为，他们会产生冤屈感。因此，在指责学生与学习无关行为时，首先要了解其行为是有意的还是无意的。纠正那些不良无意行为，不可操之过急。防止严厉的指责造成其观念冲突。

交流摘要
JIAOLIUZHAIYAO

学生：最近物理老师总看我不顺眼。

老师：班级中那么多学生，物理老师怎么就看你不顺眼呢？

学生：我明明很认真地上物理课，他却说我上课不认真。

经了解，原来物理老师看到他转笔，就提醒他专心上课。但学生没有意识到是自己的小动作，误认为老师看他不顺眼。

当物理老师与学生相互沟通后，问题又来了——

学生：老师，这段时间我上物理课真的不专心了。

老师：又怎么了？

学生：每次听课我都提醒自己别转笔，但听着听着就又转起来。每次发现自己转笔就懊恼，闹得我上课经常分心。

老师：你上课不用笔时，就把笔放在课桌上。做笔记时再拿起来，用完就放下。经过一段时间训练，你转笔的习惯就没有了。

过程旁白 GUOCHENGPANGBAI

在本案例中，学生的转笔开始于有意行为，长时间的转笔将有意行为转化为无意行为（也称习惯行为或下意识行为）。在暗示或提醒下，这种转笔的无意行为可转化为能自我控制的有意行为，可是，转笔的潜能依然在剧烈运动，这就造成控制转笔意念的冲突，从而出现负面情绪。当转笔的潜能转化为意念时，这又可能就会与学习的意念相冲突，也会导致负面情绪产生。

延伸分析 YANSHENFENXI

支配转笔的潜念遭到意念的制止，转笔的潜念还处在强烈地冲动之中，肢体可能同时受到意念和潜念两个相悖的指令，这种潜念与意念的冲突，会使人处于欲罢不能的状态，感到身心不自在，乃至于焦虑、烦躁，甚至出现整个身心的呆滞。

访谈案例 FANGTANANLI

在班级工作中，有时会遇到下列情况。

交流摘要
JIAOLIUZHAIYAO

学生：每到临近期中考试，我到下午最后一节课，心里就开始烦躁。

老师：最近改变生活规律了吗？

学生：这几天由于复习紧张，下午课外活动不再打球了。

老师：是不是心里还很想去打球？

学生：心里一点也没有打球的想法。

老师：课堂上集中精力学习，课外活动继续去打球。

学生：这不好吧，我还有许多内容需要挤时间复习。

老师：烦也学不下去。不烦就学习，烦就决定去打球。

谈话后，该生当天下午最后一节课没烦躁，也没去打球。

过程旁白
GUOCHENGPANGBAI

每天都去打球，已成为无意行为，烦躁情绪是学习的意念与打球的潜念冲突所致。老师的建议成了他的心理暗示，化解了意念与潜念的冲突。

延伸分析
YANSHENFENXI

许多负面情绪源于支配行为的心念冲突。意念间的冲突，以及能查明的潜念与意念冲突，形成原因明确的焦躁。不能查明的潜念与意念，或潜念与潜念间的冲突，形成无名的焦躁，甚至是无名之火。

心念冲突或瞬间急速转换，有时会造成行为呆滞，甚至是行为障碍。例如，恐惧蛇的人，突然遇到蛇，生理机制反应速度与心念转换速

度不能同步，致使大脑一片空白，乃至出现行为束缚。再如，处在专注状态，突然听到剧烈的响声，引起外部刺激所成心念与正在活动的心念冲突，致使生理机制无所适从，出现心跳、呼吸、内分泌等生理异常现象。极端的心念冲突，使个体产生一时回不过神来的体验，亦即出现应激反应。

教育启示
JIAOYUQISHI

有意行为体现了个体认识世界、改造世界的主观能动性，无意行为虽然不被意识知觉，却是个体行为的基础与保障。二者的相辅相成形成身心协调、和谐的整体行为，可谓是"有意"展现、"无意"奉献。反之，违背意念的排他性，或心念间的相互冲突，就会产生身心不良反应。

无意行为与有意行为的协同是潜能开发的重要方面，二者的冲突又是行为障碍或心理障碍的成因之一。了解有意行为和无意行为，有利于分析学生某些行为或情绪产生的原因。环境因素、生理因素、无意行为与有意行为，是对学生行为或情绪分析的四个重要侧面。

第十一节　潜动机引起的随机行为

心理导读： 潜念转化为意念的事件，并不受意识的支配，也不受认知顺序的制约，更不分时间与场合。

回味生活
HUIWEISHENGHUO

有次正做着饭，放在客厅的手机突然响起，我赶紧跑出接听手机，并耐心回答对方咨询的问题，没意识到锅里的菜糊了。这本来是我的错，却因妻子为此的质问，而恼羞成怒，反而追究起妻子的过错。在生活中，类似这样的行为时常发生，我的解释也通常难以得到妻子的认同，自己只可以承认是即兴所为，甚至也为自己的行为深深地自责。可是，每当这样的事情发生，就烦妻子质问："你为什么会这样做？"烦的理由也很简单：我的内心不愿这样做！

但是，在工作中我却因学生的某些行为，而去质问学生："你为什么会这样做？"忽然有一天反思自己的经历，才感到这句看似很自然地发问，在我心中却具有对心灵的杀伤力。于是，我很少再用这样的发问，以免加重学生内心的自责，并试图合理地诠释他人某些超常规的行为。

基本常识
JIBENCHANGSHI

一般认为，动机是引起和维持个体行为、并将该行为导向某一目标，以满足个体某种需要的内部动力。简单地说，动机是推动人从事某种行为的念头。人的一切有意行为都由动机引起，并受动机的调节与支配。动机是外部或内部行为的一种内驱力，因此，许多情况下，人们习惯于把个体内外部行为归因于动机引起。

马斯洛需求层次理论

在马斯洛看来，动机是促使个体发生行为的内在力量。动机产生主要有两个原因：一是需要（need），另一个是刺激（stimulation）。并把人的需要分成了五个层次，这五个层次也是动机的一种分类依据。但是，动机的出现具有一定的随机性，这也导致行为的随机性。所以，我们对某些行为理解，还得需要做出动机分析。

访谈案例
FANGTANANLI

　　讲台上，数学老师正在充满激情、趣味盎然地启发学生思考有关数列求和问题；讲台下，全体学生全神贯注地盯着老师的启发性推演。突然老师停止了推演，静静地紧盯着台下。这时，教室内清晰地听到一位同学说："你傻呀。"顿时全班同学哄堂大笑。

　　笑声停止，只见说话的这位同学站了起来辩解道："我、我不是故意的。"

　　老师笑了笑，示意这位同学坐下，继续上课。

　　班长怕该生给数学老师留下不好印象，影响老师的上课情绪，把这一情况汇报给了班主任，希望班主任出面调解此事。

交流摘要
JIAOLIUZHAIYAO

　　年轻的班主任是数学老师七年前的学生，他对自己的老师推崇备至，哪能容忍学生有如此行为。于是，他把该生叫到办公室，训斥道：你违反课堂纪律，侮辱老师，必须向老师赔礼道歉，并做出深刻检查。

　　学生辩解道：我没有有意扰乱课堂纪律，更没有侮辱老师。

　　班主任：你还强词夺理，全班同学都可以做证。

　　学生：老师，你怎么不讲理呀。

　　学生的这句话更加激怒了班主任，两人发生激烈的争执。直到隔壁的数学老师过来解释后，双方才冷静下来。

　　原来在课堂上，该生受到老师讲解的启发，他忽然明白了和同桌遇到的另一道难题，并把问题的解法写在纸上让同桌看。同桌敷衍地看了一眼，摇头表示先听课。但他以为同桌没有看懂，又拽同桌的衣角，同桌又看了一眼，再次摇头，可他还以为同桌又没看懂，这才出现课堂上的那一幕。

过程旁白
GUOCHENGPANGBAI

在整个过程中，该生有违纪行为，但无违纪动机，属于"过失违纪"。本来认真听课的学生，因何出现违纪行为？违纪行为的动机又是怎样形成的？在班级工作中如何预防类似事件发生呢？就此做如下分析：

动机是特殊心念，把属于意念的动机称为**显动机**，属于潜念的动机称为**潜动机**。意识活动中，每个瞬间只有一个显动机存在，自然显动机也具有**排他性**。当然，每个显动机下，可能有若干个潜动机活动。

潜动机因意识活动的诱发、外部刺激或自身活动中能量的增大，随时可能取代当下的显动机，当下被取代的显动机也就成为潜动机。潜、显动机的交替变换，引起有意行为的不断变化，从而形成丰富多彩的内部心理活动，引起各式各样的外部行为发生。

延伸分析
YANSHENFENXI

弗洛伊德说："潜意识体系的各种过程没有时间的顺序，也不随时间流逝而改变，可以说跟时间没有关系。"潜念转化为意念的事件，并不受意识的支配，也不受认知顺序的制约，更不分时间与场合。如同做梦是随机的，难以预知的，超越时空的。也可以说，潜意识就像个顽皮、淘气、任性、纯真、好奇、贪玩、怕苦、好逸且不受约束的小孩子，随时可能释放出心念干扰有序的意识活动。这就容易造成如上案例中，班主任对学生行为动机的判断偏差，使学生产生难言的委屈感。

教育启示
JIAOYUQISHI

事实证明，潜动机转化为显动机并非不可控制。第一，显动机越强越不容易被潜动机取代；第二，越强的显动机转化为潜动机后，再次转化为显动机的可能性越大；第三，越持久的动机越不容易被潜动机取代；第四，越持久的动机转化为潜动机后，再次转化为显动机的可能性越大；第五，显动机转化为潜动机后的时间越长，再次转化为显动机的可能越小。

如上述案例中，该生若课堂纪律观念很强，或平日养成遵守法纪的习惯，当与课堂要求相悖的行为出现，遵守课堂纪律的潜动机随机转化为显动机，也就能中止违纪行为。因此，在教育工作中经常强化学生的法纪观念，这是防止违法乱纪的重要举措。

学会了解、掌握自我显动机与潜动机的转化特性，方可有效地控制自我行为。正确分析动机变化规律，才能耐心、细致、深入地相互交流，避免教育者因学生的不良行为而冲动，防止造成相互间的不谅解。

第十二节　没说出的可能是无法表达

心理导读：除知觉的意念活动外，潜念也在做相关活动。

回味生活
HUIWEISHENGHUO

记得有位家长对我陈述，孩子问她："天上为什么会下雨？"她把从书上学到的这方面的答案告诉了孩子，孩子听了后接着问道："你是怎么知道的？"她告诉孩子："从书上学的。"孩子又问道："书上怎么知道的？"她只好继续给孩子讲："这是科学家研究出来的。"孩子并没就此罢休，继续问道："科学家是怎么研究出来的？"这时，家长就开始敷衍孩子的问题，但孩子还是穷追不舍，直至问到她无法敷衍的问题："科学家是怎样想到的？"看着妈妈无法回答自己，孩子清秀的小脸迷茫地看着妈妈，好像在说："妈妈怎么能不知道呢？"

我们常因一些问题寝食难安、百思不得其解，有的问题经过努力迎刃而解，有的问题始终找不到答案，有的问题最终能清楚没有答案，有的问题会因偶然的启发豁然开朗。在我们探究的过程中，被称为"灵感"的东西，最让人不可思议、难以言表。因此，许多家长和教师不怕孩子问某个问题怎么解决，就怕孩子问你是怎么想到这个解决方法的。

基本常识
JIBENCHANGSHI

在意识活动过程中，被知觉的潜念成为意念。我们能知觉参与意识活动的意念及其相互间的关系，却无法知觉潜念成为意念前的状态。但做梦提供了"除意念活动外，潜念也在活动"的事实。这为我们分析解决问题的思路产生过程，或分析人的某些行为动机带来了依据。

我们无法觉察潜意识的活动，可潜意识直接作用于我们的心理活动，关系到对意识体验的最基本方式，影响到我们如何看待自己和他人，如何看待生活中日常活动的意义。我们的本能大多处于潜意识之中，本能地反应或快速地决断，以及果断地采取行动，无不与我们的潜意识有关。潜意识所完成的工作是人类生存和进化过程中不可或缺的一部分。

但是，由于潜念活动的不可觉察性，许多的分析还是停留在揣测之上。尽管如此，弗洛伊德的潜意识观点，还是能够让我们在个体表现出的外部现象分析上，能达到一定的共识，提高教育心理工作的说服力。

访谈案例
FANGTANANLI

为了帮助甲同学提高学习水平，老师让学习优秀的乙同学与其同桌。两个月后甲同学与老师汇报学习近况，忽然说起对乙同学的看法。

交流摘要
JIAOLIUZHAIYAO

学生：乙同学认真学习的精神值得学习，但他有些自私。

老师：何以见得？

学生：例如，我们讨论一个难题，两人百思不得其解。突然他说"会了"，并把解法告诉我。但我问他：你是怎么想出来的？他经常沉思片刻说：我也说不清是怎么想出来的。

老师：谈论着你的学习情况，你怎么把话题转到对乙同学看法上的？

学生：最近在学习上和他交往最多，我联想出来的。

老师：你能把联想的过程清楚地告诉我吗？

甲同学也是沉思片刻，尴尬地笑了。说：我若要解释的话，也不是转移话题时所想的。这个话题是突然冒出来的。

老师：为什么冒出"他有些自私"，而不是"他表达能力差"的看法呢？

学生：激烈的竞争下，他帮助我时一定有所保留。

老师：老师教自己的学生时有所保留吗？

学生：同科老师间教学成绩竞争也很激烈，老师不会的。

老师：老师讲题目解法时，是否能把他怎么想到的告诉你？

学生：老师能大致告诉我由"那里"想到的，但我继续追问"那里"又是怎么想到的时，老师也经常不能回答。

老师：同样的不能回答你，怎么不认为老师自私呢？

学生：还是刚才的理由吧。

老师：你最先认为同桌有些自私，经过认真思考了吗？

学生：没有。看他几次没有回答我就感到他有些自私，您质问我时才回想到理由的。老师，讨论这些很重要吗？

过程旁白
GUOCHENGPANGBAI

因为甲同学需要的是"渔"，而不是"鱼"，所以不会满意乙同学的回答。长此以往，甲同学很自然地认为乙同学保守、自私。

如果乙同学的解题思路，可能是潜念间活动的结果，因潜念活动不属于意识的范畴，所以乙同学的确不知道是怎样想出来的，那么甲同学就有可能误解了乙同学。当甲同学觉知对乙同学看法的念头冒出的随机性，也会反省自己对乙同学看法的合理性。

延伸分析
YANSHENFENXI

个体对外部世界的认识在很大程度上取决于本身的经验，个体经历不同，对世界的认识也不会相同。这种影响个体社会认知的生活经验，在心理学中被称为图式，其中包含了个体的观点、信念、态度等。广泛地说，图式的产生与发展过程也就是主体的认知建构过程。

如果某个新的情形在外部世界出现，感觉通路把新的信息传送到大脑，大脑按原先的图式进行加工，理解其意义，又往往依个体的态度和期望进行思维及评价。这个图式既是甲同学希望从乙同学那里得到的"渔"，又是甲同学因没得到"渔"而认为乙同学有些自私的评价机制。

大脑中图式的形成，使人的大脑犹如从电子管计算机升级为集成电路计算机，大大地提高了大脑的工作效率。有时认知图式的效率高到当人们看到某些事物时，与之相关的认知图式就不自觉地做出判断或识别等，乃至自我意识还未觉知就得出某个结论，这种现象也称之直觉。也就是说，心理活动离不开心中无意识的运动。

由于认知图式高效率的工作，也经常使个体遇到某些事物立马产生情绪反应。如进考场就感到紧张，见到蛇就感到恐惧，看到某人就反感等。

交流摘要
JIAOLIUZHAIYAO

老师：很重要。不仅会引起你对乙同学的态度变化，还可能导致你面对竞争者产生不良心态。

学生：这倒也是。我时常对竞争者内心产生不友好的态度。

老师：为何不怀疑你心中判断自私与否的标准？

学生：对呀。判断标准是会影响判断结果。可自己感到判断是合理的，也没有怀疑的必要。

过程旁白
GUOCHENGPANGBAI

人们的认知图式与个体生活经历息息相关，人与人之间的认知图式存在很大差异。因此，对于相同的事物，不同的人可能得出不同的结论，这些不同的结论又会导致不同的情绪体验或行为反应。

延伸分析
YANSHENFENXI

人们对外界事物的认知结果正确与否，一方面取决于外在因素；另一方面取决于内在认知图式。人们为了实现对新事物的认知，大脑中原有的认知图式经常会进行调整或完善，也就说认知图式具有动态性。

当然，后续实践对认知结果的检验，反馈到大脑中，又可以促进原认知图式的变化或更新。尽管如此，人们大脑中依然存在某些固化了的认知图式，呈现出固执已见的现象。这也是造成人们心理障碍的重要原因。

交流摘要
JIAOLIUZHAIYAO

老师：遇到同学向你请教问题，你会像你认为的乙同学那样吗？

老师见甲同学一时语塞，接着说：你不必回答我。但你需要反思如下问题。

1. 怎样理解"教学相长"？

2. 竞争是否为了获得他人尊重？

3. 让他人觉察到自己自私是否会伤自尊心？

4. 竞争中最大的对手是不是自己？

5. 竞争是否是为了促进自我提高？

6. 怎样理解对手的强大会促使自己变得更强大？

7. 获得他人或社会尊重能否缺少友善、仁爱？

过程旁白
GUOCHENGPANGBAI

甲同学对乙同学的评价，带有心理投射的特点，亦即以"小人之心度君子之腹"。老师针对甲同学的认知图式提出几个反思的问题，试图干预他的认知，这也是常说的认知心理疗法。

教育启示
JIAOYUQISHI

由于文化、知识水平及周围环境背景的差异，人们对问题往往有不同的理解和认知。所谓认知一般是指认识活动或认识过程，包括信念和信念体系、思维和想象。具体来说，"认知"是指个体对某件事或某对象的认知和看法，对自己的看法，对人的想法，对环境的认知和对事的见解等。

人们内在的认知图式，有时会不自觉地对某些事物做出认知结论。这些认知结论的正确与否，直接关系到对事物的情感态度。在教育工作中发现学生的认知错误，应及时予以干预，帮助学生找出并矫正认知图式，防止因不良的认知图式造成学生学习障碍、心理障碍、交流障碍等。

第十三节 烦扰恼乱，难觅其根

心理导读：心念是行为的脚本，个体行为通过生理机制来实现，而生理机制是个有机的整体。若生理机制同时或瞬间受到两个以上不同心念的驱使，就会造成生理机制无所适从。

回味生活
HUIWEISHENGHUO

我们常把烦恼称为生气上火，人在烦恼之时，五味杂陈涌上心头，越想越气，越气越火，恨天恨地，可谓是一言难尽。特别是人在气头上，很难听进他人的劝解，用一个词概括就是：不可理喻。

常言道：人生不如意事十之八九。由此可知，烦恼不是某个人的专利，落户某一颗心中，每个正常人都有不同程度的烦恼体验。幼儿降临世间，从内心发出的就是哭声，随后身体有任何不适，也会号啕大哭。也就是说，从人降生的瞬间，烦恼之火就被点燃，慈母的爱也无法将之扑灭，天地万物无法为之根除，乃至佛门弟子发出"烦恼无尽誓愿断"的宏愿。

基本常识
JIBENCHANGSHI

烦恼是人们最不陌生的词，唐朝窥基的《成唯识论述记》卷一解释道："烦是扰义，恼是乱义；扰乱有情（众生），故名烦恼。"

动机支配下的意识活动，具有指向性、任务性、计划性和有序性。

在意识活动过程中，若遇与当下动机无关的心念介入，就会干扰意识活动的指向，改变活动的计划，阻碍活动的任务完成，破坏活动的有序性。较强动机下的意识活动，若遇持续的干扰，就会使人感到心烦意乱。

心念是行为的脚本，个体行为通过生理机制来实现，而生理机制是个有机的整体。若生理机制同时或瞬间受到两个以上不同心念的指令，会造成生理机制无所适从，反馈到大脑中，进一步破坏意识活动的有序性。

上述身心状态会导致生理上的不适，乃至内分泌紊乱，以及心理上的犹豫、焦虑、紧张、愤怒、沮丧、悲伤、痛苦、难过、忧郁等负面情绪，形成所谓的烦恼。亦即烦恼是个体心理上和生理上的紊乱状态。客观环境变化万千，烦恼是人们心理活动中普遍存在的现象。

访谈案例 FANGTANANLI

高三前夕，学校重新分班，更换了任课教师，老师与学生都是相互陌生的。班主任按照学生的身高临时排了桌次，三周后某女同学找到班主任……

交流摘要 JIAOLIUZHAIYAO

学生：能给我换换桌吗？

老师：为什么要换桌？

学生：我和同桌很谈得来，但课堂上她不安分，闹得我心烦意乱。

老师：再过一周就调桌，你坚持一下。我也找她谈谈。

学生：实在是坚持不了了。她不管是我听课还是做题时，只要她想说话就缠着我和她聊天。我碍于面子不得不和她聊，无法安心学习。

班主任找来该生的同桌，了解到——

老师：最近学习效果好吗？

学生：谈不上什么学习效果，最近总想转考美术类专业的事。

老师：你决定了吗？

学生：没有，还在为这事烦着呢。

老师：你和父母商议过吗？

学生：商议过，但父母让我自己决定，可我至今还是犹豫不决。

老师：你和同学好友商议过吗？

学生：没有。父母都不帮我拿主意，其他人也难帮我。只是跟同学了解点理转美的利弊，还得自己在痛苦中抉择。

老师：不论你学什么，行行出状元，关键是你有没有毅力学好、学精。

学生：同桌也这样说过我。她还告诉我没有毅力和志气，学什么也白费。可我总在"学理科好考大学或是学美术好考大学"上纠结。

老师：知道这样就别犹豫，果断地抉择，玩命地学习。

过程旁白
GUOCHENGPANGBAI

该生课堂上，学习心念被聊天心念取代，聊天时强烈的学习心念不停地冒出，随即就被聊天心念抑制。若放下学习的心念去聊天，或放下聊天的心念去学习，都可能是愉快的事情。聊天与学习的不同心念瞬间的变换，致使她不知所措、心神不宁，从而产生烦恼感。

烦恼不属于某个人的专利，这位同学学理的心念出现，随之而来的是难考学的心念，转而即是学美术的心念，接着的又是考美术有没有把握的心念。这些心念迅速的转换，也使她处在烦恼之中。

延伸分析
YANSHENFENXI

意识的联想功能使相关心念形成心念链条，这是有意行为的连贯性的前提与保障。心念链条遭到无关的心念的冲击，执行心念链条的生理机制，就会受到无关心念指令的干扰，轻则造成肢体行为或心理行为的错乱，严重的会引起生理机能的紊乱，反馈到意识中就形成烦恼的体验。

心理学家为了研究"烦恼"问题，做了一个很有意思的实验：

实验者在一个周日的晚上，把自己未来7天内所有忧虑的"烦恼"都写下来，然后投入一个指定的"烦恼箱"里。三周之后，心理学家打开了这个"烦恼箱"，让所有实验者逐一核对自己写下的每项"烦恼"。结果发现其中9成的"烦恼"并未真正发生。然后心理学家要求实验者将记录了自己真正"烦恼"的字条重新投入了"烦恼箱"。又过了三周，心理学家又打开了这个"烦恼箱"，让所有实验者再一次逐一核对自己写下的每项"烦恼"。结果发现绝大多数曾经的"烦恼"已经不再是"烦恼"了。实验者切身地感到，烦恼这东西原来是预想得很多，出现得很少。

心理学家因而得出了这样的统计数据和结论：一般的人所忧虑的"烦恼"，40%是属于过去的，有50%是属于未来的，只有10%是属于现在的。其中92%的"烦恼"未发生过，剩下的8%则多是可以轻易应付的。因此，烦恼多是自己找来的，这就是所谓的"烦恼不寻人，人自寻烦恼"。

烦恼是快乐与幸福的克星；烦恼是学习、工作和事业的障碍；烦恼是智慧的劲敌。成功有时在于是否战胜了自我的烦恼。

典型案例
DIANXINGANLI

国际象棋大师谢军曾讲过她参加两次大赛的不同经历。1996年在西班牙和苏联象棋大师波尔加进行卫冕战时，波尔加因将比赛一拖再拖，使谢军非常心烦，当比赛最终定下来时，她已深感厌战，结果输得惨痛。在1999年的世界冠军夺战时，虽然波尔加无理取闹，加里亚莫娃又故意拖延比赛，但谢军接受了上次的教训，始终不为其所扰，以静制动，不急不躁，稳扎稳打，结果这一仗打得非常漂亮。

在这个案例中，谢军的经历给人们如下启示：

1. 客观环境的因素能否引起烦恼，取决于内在心理状态；

2. 通过自我心理调节，烦恼是可以战胜的；

3. 随缘之心，专注于事，以静制动，无欲则刚，这是防御烦恼的基本原则，也是良好心态的基本特征；

4. 克服烦恼，保持良好的心态，这是取得成功的基础。

教育启示
JIAOYUQISHI

从烦恼的成因看，似乎极其复杂。但在东方儒道释文化中，心念是心理活动的基本单位，烦恼无非是心念起伏的过程。因此，排除烦恼也即转化、抑制或激活心念的过程。这一观点使降低烦恼成为可能，但需要人们研究和实践控制心念起伏的策略与方法。

烦恼未必是与生俱来，但可终生相伴，烦恼程度是决定幸福感的重要因素。破解或跨越内心的烦恼障碍，是提高学习或工作效率的重要方面。因此，斩断烦恼也即启迪智慧。在家庭、学校和社会教育中，不可缺失引导人们降低烦恼的义务。了解烦恼的形成规律，寻找降低烦恼的科学方法，是教育研究的重大课题，也是教育的重要组成部分。

第十四节 难以铲除只可抑制的意念

心理导读：烦恼的事情，即便不愿意想，可还是不自觉地去想。大脑激活与抑制原理，提供了摆脱如此困境的重要途径。

回味生活
HUIWEISHENGHUO

在生活中，如果遇人不论理就说："你怎么就人理不论呢？"如果遇人做事违背道德法纪就说："这是在伤天害理呀！"如果遇见不公平又无处评理的事就说："天理何在？"我们不禁会问什么是人理？天理又是什么？

我在初次学习心理学时，读到人的"心理是大脑对客观现实的主观反应"，这才明白，天就是客观现实，人理是天理使然，天理就是天地万物运行的客观规则，或说客观规律。这如《道德经》所言："人法地，地法天，天法道，道法自然。"在古人看来，顺应自然规律即善，违背自然规律即恶，故说："善有善报，恶有恶报，不是不报，时候未到。"违背自然规律早晚要受到客观现实的惩罚。

人理是天地之理使然，心中若有解不开的结，可以从天地万物的发展变化中获得启发。人文科学和自然科学并不是两股道上跑的车，二者相辅相成构成我们认识客观世界的基础理论。学习科学文化知识，感悟天地之理、人生之理，这也就是常说的，知识越多修养越高。通过学习科学知识，可以提高我们的人生境界，完善我们的人格。

基本常识
JIBENCHANGSHI

在大脑中某个优势兴奋灶一旦建立，其兴奋度越高，其他区域就越难形成兴奋优势，即难以形成新的优势兴奋灶。由此可见，当烦恼袭来，单凭直接压抑内心的烦闷，效果往往不会理想。常说的"愤怒是魔鬼"，或许就是这个原理。

巴甫洛夫关于激活与抑制的关系告诉我们，意念具有排他性，抑制当下意念，必须激活新的心念。不去激活新的心念，而是一味地去告诫自己别再想了，有时是徒劳的。对于当下的意念，只有激活才能被抑制。

访谈案例
FANGTANANLI

帮助孩子降低烦恼，如下的案例，值得我们借鉴——

交流摘要
JIAOLIUZHAIYAO

儿子回家后，愤怒地说：我真想收拾了刘凯这家伙。

爸爸：刘凯怎么你了？

儿子：今天课间，他把我的书碰到地上，也不道歉就扬长而去。我说他了一句，他还骂了我。如果不是快要上课，我就和他打起来了。

爸爸：这样的小事不要放在心上，多考虑自己的学习。

儿子：我就是看不惯这种目空一切的人。

爸爸看到儿子在气头上，没有过多地责怪他。而是轻轻地抚摸着他的头劝导道：你是男子汉，能容难容之事，何必为此种小事斤斤计较。

儿子：我若不和他计较，岂不让他感到我软弱可欺了。

爸爸：这心态会影响学习的，还会让他人笑你不大度。

儿子听完劝说，没有辩解。吃完晚饭后，进了自己的房间。第二天早上，妈妈发现儿子眼睛布满血丝，关切地问道：昨晚是不是没有睡好？

儿子：嗯。快天亮时才迷糊了一阵。

爸爸后来了解到，儿子听了他的劝说，也去说服自己，不再计较此事。但儿子还是难以把那张让他厌恶的面孔从大脑中驱走。连续三四天了，儿子看到刘凯的身影或听到他的声音，心中还会反感。即便在儿子上课时，脑海中也时常现出刘凯的形象，直接影响了儿子的学习。

爸爸从儿子的情况，联想到前几天成都女司机行车途中，诱发男子路怒症遭暴打的事件，灵机一动便邀请儿子了观看这个视频。

爸爸：看完这个视频有何感想？

儿子：刘凯就像女司机那样可恨。依着当时那个气，我可能比男司机更生气。庆幸当时快上课了，不然后果不堪设想。

爸爸：现在还那么生气吗？

儿子：看了这个视频，对刘凯的气又消了些。虽然没教训他，但他的行为若不改，早晚也会受到惩罚的。

过程旁白
GUOCHENGPANGBAI

青少年正值肝气旺盛期，他们会因一件小事或一言不合而大动肝火，对伤害过自己的人更是耿耿于怀，并表现出不出恶气誓不罢休的气势。通过劝说，改变其对事件的认知，是缓解愤怒的常用方法。

在这个案例中，爸爸的劝导暂时平和了儿子报复的心态，儿子也努力抑制了这些不良意念。但被抑制的意念，只是暂且压抑到前意识中，当儿子再遇到刘凯，那些意念随即又被激活。

路怒症的视频，使该生产生共情，情绪得以外化，从而降低其愤怒。通过共情使情绪外化，这也是降低烦恼的有效方法。

延伸分析
YANSHENFENXI

我们大多都有过如下体验：烦恼的事情，即便不愿意想，可还是不自觉地去想。在上述案例中，家长采用了认知疗法和情绪外化的方法，但没有明确显示出激活与抑制的原理。为此我们通过如下哲理故事，了解排除烦恼的激活与抑制原理。

有一位哲学家带着他的一群学生来到一片草地上坐下来。哲学家问他的学生们："现在我们坐在什么地方？"

学生们回答说："草地上。"

哲学家说："旷野里长满了杂草，现在我想知道，用什么方法才能除掉这些杂草。"

学生们各抒己见：有的说用火烧；有的说用石头压；有的说用铲挖；有的说用手拔；有的说……

哲学家站起来说："等你们回去，按照各自的方法除去一片杂草，没除掉的，一年之后再来相聚。"

一年之后大家都来了，不过原来相聚的地方已不再是杂草丛生，而是一片长满谷子的庄稼地，可是哲学家却始终没有来。后来哲学家去世了，学生们在整理哲学家的遗物时，发现在哲学家的文章里最后写道："要想铲除旷野的杂草，方法只有一种，那就是在它的上面种上庄稼。"

心念像田野里的种子，不可能被铲除掉。对于干扰我们正常心智的杂念，只可以封存在我们的心底，使其不再生根发芽。这个故事启发我们，抑制当下意念（杂草），必须充分用意念具有的排他性，激活新的意念（谷子）。不去激活新的心念，而是一味地告诫自己别再想了，往往是徒劳的。对于当下的意念，只有激活才能抑制。

常言道："人无远虑必有近忧。"一个具有远大志向的人，不论遇到怎样的坎坷，总会向着既定的目标前进，自然会抑制不良的情感，淡化心中的烦恼。

教育启示
JIAOYUQISHI

当我们明白了如何抑制意念的道理，在现实中未必会如意，因为虽然激活了新的心念，被抑制的心念却还会涌现。如同谷子发芽了，杂草还是会长出来抑制谷子的生长。可这并不否定激活才能抑制，抑制是让人摆脱烦恼的有效方法，但这种方法需要较长的时间做保障。

上述案例中，爸爸劝说后，再和儿子交流有关振奋人心的话题，或看场紧张的球赛、精彩的电影等，有益于激活新的心念，或许更容易抑制使其愤怒的意念。当然，儿子也可以凭意志力，做几道数学习题，或做些能转移注意力的事，及时激活与愤怒无关的意念，实现抑制使其愤怒的意念。不论采用什么方法，还是难以让儿子在短时间内放下使其愤怒的心念。

中学生抑制心中的杂念，最为实际的莫过于明确学习目标，激发学科学习动机，培养学科学习兴趣，培养坚韧不拔的学习意志力，树立学习的信心，提高学科学习的内驱力。作为教育者来说，抑制学生学习中的杂念，教师需要在课堂的生动性、趣味性、严肃性、条理性、深刻性、探究性、互动性等教学艺术下功夫，不断强化有关学习的优势兴奋灶，抑制与之无关的兴奋灶呈现优势。

第十五节　烦恼依于专注又止于专注

心理导读：对引起烦恼意念的专注程度，决定了烦恼的程度。

回味生活
HUIWEISHENGHUO

某位朋友讲起痴迷于网络游戏的儿子，当他打起游戏来，不论父母、老师、同学或亲朋好友怎么说，他全当作耳旁风；也不论身边发生了什么，似乎除了游戏一切都与他无关，可谓是油盐不进、烦恼不起。这位朋友无奈地说："如果孩子的学习像打游戏这样痴迷，他的学习成绩一定会无与伦比。"

在中国古代就有"两耳不闻窗外事，一心只读圣贤书"的人，如此读书之人不受外界干扰，少去了人与人之间的是是非非，烦恼自然减少。我们常说：宰相肚里能撑船。宽宏大量之人，能忍能让，烦恼少于常人。事实上，降服烦恼，除了心量大之的人外，还有这种利用身心专注，降服烦恼之人。

基本常识
JIBENCHANGSHI

各种烦恼是学习、工作的障碍。一般认为只有摆脱烦恼的纠结，才能进入学习、工作的专注状态。但更有反其道而行之的做法，例如下列看似"不近人情"的对话：

学生：老师，我很烦。

老师：烦了就去学习。

学生：烦了就学不下去。

老师：学不下去也得学，否则你更烦。

根据意念的排他性，这位老师说的没有错。烦了就去学习，可以中断引起烦恼的意念链条。意志力强的学生遵从老师的建议，也能很快地摆脱烦恼的困扰。可是，这种缺乏共情的心理对话，许多情况下不尽其然，若被学生误认为不顾个体感受，只管其学习，就可能助长其逆反心理。

富有同情心的老师或家长，则会引导学生分析烦恼的根源，耐心地听其倾诉，并不断地表示理解和同情，然后分析烦恼带来的前因后果，并根据自己的知识经验，提供摆脱烦恼的方法。

访谈案例
FANGTANANLI

王娟和董海玲是高二的同桌，两人勤奋好学。当时王娟的成绩略逊于董海玲，每次考试后，两人相互比较成绩，争先恐后，互不服输。

升入高三后两人不再在同一个班中，王娟成为笔者的课代表。每次考试后，王娟总会查阅董海玲的成绩，在与笔者讨论考试得失时，也是以董海玲的成绩为参照。

由于不同老师对每次的考试要求也不同，王娟在老师的要求下，注重答卷的准确规范化训练，试卷总是做不完，成绩连续几次低于董海玲。尽管王娟清楚训练的必要性和正确性，但依然因成绩落后于董海玲而烦恼。

在高三家长会上，笔者把王娟的上述情况告诉了她的爸爸，自此以后王娟考试后情绪稳定，学习更加细致认真。

功夫不负有心人，离高考还有四个月时，王娟的成绩超越了董海玲，接下来的几次考试，董海玲的成绩已不能与其相比。最终王娟考入天津大学，而董海玲被本地取分较低的地方院校录取。

交流摘要
JIAOLIUZHAIYAO

拿到通知书的王娟道出了其中的奥秘：原来自爸爸知道她的情况后，每次考完试就带她打乒乓球。第一次和爸爸打球时，爸爸问她：你要是想打赢我该怎么办？

王娟：提高球技。

爸爸：也不尽然。

王娟：还有什么法子？

爸爸：精力全部集中到球上，打好每一拍。

王娟：我明白了。

王娟从爸爸的问话中领悟了学习的要领。考试也不再以分数为目标，而是以落实具体环节为主旨，明白了老师说的"没有满分题，就没有满分卷"的含义。考试不再急躁，养成了细致认真做好每道题的习惯。

从此之后，每次考完试，父女俩都要打两个小时的乒乓球，一直坚持到高考结束。王娟说：每次和爸爸打球，相当于告诫自己如何学习。

当笔者赞赏她爸爸高明时，王娟笑着说：爸爸并不高明。他很内向，不善言辞。每当遇到不顺心的事，他就通过打球忘掉烦恼。

过程旁白
GUOCHENGPANGBAI

烦恼时需要的不是他人的说教，而是排解烦恼的原理与方法。案例中，父女打球使意念专注于每一拍，中断了引起烦恼的意念链条。体力运动又可释放负面情绪，实属高明之举。王娟在爸爸问话下的顿悟，更是事理通达，并能提醒自己把意念转移到学习上，烦恼也就越来越少。

延伸分析 YANSHENFENXI

在我们的脑海中，各种意念此起彼伏，相互交替，很难将某个意念长时间地保持在意识中。但若某个意念能够较长时间地被保持，其他无关的意念被抑制，即所谓的专注。对引起烦恼意念的专注，决定了烦恼的程度。反之，对取代引起烦恼的意念的专注程度越高，摆脱烦恼的效果也越好。

教育启示 JIAOYUQISHI

遇到烦恼不是逃避，而是积极地面对：

第一，分析烦恼的起因，并从起因中检查自我的错误，看破烦恼的本质，以备将来更好地修正、完善自我；

第二，分析烦恼带来的后果，烦恼是否影响当前的主体任务，以及对未来学习、工作、生活的副作用，有利于放下引起烦恼的意念；

第三，利用意念的排他性，只有激活与烦恼无关的意念，才能抑制住使内心烦恼的意念，防止越想越气。

第十六节 因势利导降低意念优势

心理导读：在一定境遇下，各个心念间显示出各自的优势。但是，意念出现的频率越高，其优势越大；反之，其优势越小。

回味生活
HUIWEISHENGHUO

鲁迅短篇小说《祝福》的女主人公祥林嫂，在遭受丧夫、丧子的强烈打击后，她反复地向人们诉说着儿子阿毛被狼吃的悲惨故事，镇上的人渐渐地对她失去了兴趣，她依然还在诉说。只要读过《祝福》的人，对于祥林嫂的形象就难以忘怀，其原因不止于小说本身的思想艺术，这也衬托出人在遭遇强刺激后的心理反应，能引起我们的共情。

常言道：天有不测风云，人有旦夕祸福。在生活中遇到恶性强刺激，不仅使人忐忑不安，还会让人浮想联翩，有时还会把人搞得神情恍惚，久久不能放下。在当今社会，出现类似祥林嫂经历的人，理应得到社会援助与心理疏导。同时，我们也不能忽视恶性事件对目睹者带来的内心刺激。

基本常识
JIBENCHANGSHI

在我们的意识中，意念是否具有能量尚无定论。尽管气功师、某些宗教教徒承认意念具有能量，但无科学依据。可我们不得不承认在一定境遇下，某些意念相对于其他意念具有明显的优势，它们在意识活动中总是抢占先机，致使我们难以对其进行抑制。

从巴甫洛夫的观点看，大脑承载所思之事信息的区域，因所思兴奋优势被增强，即便在无意识（睡眠）状态下，也会自动出现兴奋灶，致使相关信息自由组合形成梦境，故有"日有所思，夜有所梦"之说。这也说明中枢神经元的兴奋优势具有持续性。这种持续性对新优势兴奋灶的建立，形成阻抗或促进作用，直接影响注意的选择、转移或广度，以及我们正常的意识活动。

访谈案例
FANGTANANLI

三天前，董洁在上学的路上目睹了一起车祸。到校后尽管惊魂未定，她还是能够听课、思考、完成作业。晚上睡觉时，车祸发生的情景在她脑海中反复呈现，让他睡意全无，吃了两片安定药也毫无效果。接近凌晨四点时，好不容易迷迷糊糊地睡着，一场噩梦随即把她惊醒。

董洁同学经历三个晚上的失眠后，白天感到疲惫不堪，注意力难以集中，思维也变得迟钝，只好找老师诉说。

交流摘要
JIAOLIUZHAIYAO

学生：吃了妈妈给我拿的药，还是难以忘记那个情景。

老师：由过强刺激形成的心念优势大，忘记它很难。

学生：有没有降低这些心念优势的方法？

老师：这需要时间和毅力。你是否想过避免类似事件发生的办法？

学生：没有想过，只是不自觉地回忆那个情景。

老师：当那场景再在大脑中出现时，就去想此问题。

学生：我试试看吧。

董洁在和老师交流的第二天，见到老师时说：我当天晚上就开始想如何避免类似事件的方法，方法还没有完全想好就睡着了。

过程旁白
GUOCHENGPANGBAI

通过老师的因势利导，使董洁的注意力发生偏移，惊恐的心念受到抑制，其优势也就自然降低。这也是董洁受刺激后，需要发出的心声。

延伸分析
YANSHENFENXI

在我们的脑海里，心念无形无质，若言心念具有能量只是个假说。

但我们在身心相对安静的状态下，可通过意念在意识中出现的频率，判断其相对优势的高低。即在特定时间段内，某种心念的相对优势与其出现的频率成正比。

心念分为意念和潜念，可以统计出某种意念出现的频率，潜念则不然。潜念不在意识中显现，并不说明它没有相对优势，或者说不起作用，就此可通过无意行为刻画潜念的相对优势。总之，心念的相对优势假说，还能自圆其说。

心念的优势不同于物理学的能量，心理学只是假借某些名词来描述心理状态。一般来说，心念是人行动的脚本，心念支配肉体的行动作用于物体，形成物质间能量的传递。当然，大脑中的心念生灭，也需要大脑物质能量的支持。纯粹的心念能量说，即所谓的念力，其存在与否还是个未解之谜。

在一定境遇下，从意念出现频率来看，各意念的相对优势大小不一，即各心念处在不同的优势状态。追溯与心念相对优势相关的因素，有以下几个方面。

第一，内部需要。马斯洛的理论认为，人类的需要是分层次的，由低到高。它们是：生理需要、安全需要、社交需要、尊重需要、自我实现需要。个体成长发展的内在力量是动机，而动机是由多种不同性质的需要所组成，各种需要之间，有先后顺序与高低层次之分；每一层次的需要与满足，将决定个体人格发展的境界或程度。

根据马斯洛的理论，在特定的时间内，人的内在需要决定人的动机，动机的强弱决定与之相关的心念相对优势的大小。

第二，兴趣与情感。个体对事物兴趣的浓厚、付出的情感程度等，这与事物相关的心念的优势大小有着直接关系。

第三，意志努力。通常说"易得易失"，付出意志努力越大，相关心念的优势越大。

第四，外部刺激强度。引起心念的外部事物对机体的刺激强度越大，引起的相关心念的优势就越大。

第五，回忆次数。不可否认回忆能加大心念的优势。长期得不到回忆的心念，其优势逐渐降低。

第六，受前摄抑制或后摄抑制影响越小，心念的相对优势消耗也越小。

教育启示
JIAOYUQISHI

作为中学生，我们希望与学习内容相关的心念优势要适度。如果与学习主体相关的心念优势过低，会出现联想障碍、记忆困难、思维不畅等问题，这就需要加大心念的相对优势。加大心念的相对优势，离不开动机、兴趣、好奇、情感等因素的参与，同时也需要不断地重复记忆，增大这些心念出现的频率。

如果某个与当前学习内容相关的心念优势过高，也可能使我们陷入思维定式，影响思维的灵活性，这就需要我们降低其优势。

第十七节　理想是在杂念丛中生根发芽

心理导读： 树立远大的理想，意味着众多的舍弃。

回味生活
HUIWEISHENGHUO

有位高三学生告诉我，人活着没有多少意义，就像我们中学生沿着社会预定好的升学之路，从小学到初中，再从初中升到高中，继续由高中到大学，然后再考硕士和博士。家长和老师就是我们在这条道上的监督者和助力者，我们没有别的选择，只可一往直前。否则，得到的将是家长的训斥、老师的劝导、社会的歧视（如招工条件）。当我问及走完升学之路后有何打算，该生摇着头叹息道："有着明确的升学之路，人生却一片茫然。"

听了该生的感叹，回想起20世纪70年代末、80年代初，我们在一所山区中学准备考学时的情景，校长明确地告诉我们："考学就是考户口（农转非），就是考铁饭碗。"时过境迁，再加上现在的孩子衣食无忧，自然不会理解这位校长的话。事实上，在那个年代，社会急需各类人才，我们的奋斗并没有局限在这位校长说的目标，我们怀着对知识的渴望走进大学校门，抱着成为社会有用之材，为国家发展尽力的理想走向社会。所以，我们这代人在中学时期就没有感到人生的迷茫，也没有现在孩子的郁闷。

从与该生的交流中，可以感觉到他没有自己的理想和社会抱负，他只是生活在约定俗成的社会潮流之中，也就是所谓的从众心理。这如同坐在随波逐流的船上，只知道下一个目的地在哪儿，只知道别人要去自己也得去，却不完全清楚自己去的目的和意义，虽在船上自己却失去了方向感，再加上从小学到高中十多年的升学旅途，使他开始有了晕船的感觉。

若在物欲横流的时代谈起理想，似乎已成了"高大上"的话题。但是，如果我们失去了理想，就会失去人生的目标，没有了实现自我价值的追求，沉溺在得过且过、碌碌无为的平庸生活中。青少年风华正茂、朝气蓬勃，有超出成年人的探索欲和求知欲，他们一般不甘心于平庸的生活，只要稍加引导就会在他们心中播下理想的种子。

在家庭、学校和社会教育中，理想是对未来事物的美好想象和希望。理想不是升学路上的目标学校，理想是人的世界观、人生观和奋斗目标的集中体现，是人在实践过程中形成的、有实现可能性的、对未来社会和自身发展的憧憬、向往与追求，是人生奋斗的动力。

关于理想，著名诗人流沙河写道："理想是石，敲出星星之火；理想是火，点燃熄灭的灯；理想是灯，照亮夜行的路；理想是路，引你走到黎明。……理想是罗盘，给船舶导引方向；理想是船舶，载着你出海远行。……"

基本常识
JIBENCHANGSHI

作为中学生，如果没有理想和追求，他的心田可能就是荒芜的。有了理想，如何让理想的胚芽苗壮成长，却又是一件不容易的事情。

理想是最持久的意识中心，也就是最长的意识链条。意识的排他性告诉我们：树立远大的理想，意味着众多的舍弃。

在关于理想教育的主题班会上，老师问学生：农夫在田地里播下玉米种子后，最艰辛的工作是什么？

有的同学回答：施肥、浇水。

看到老师默不作声时，他们或许联想到"锄禾日当午，汗滴禾下土。谁知盘中餐，粒粒皆辛苦"的诗句，稍作停顿后，又异口同声答道：锄草！

在我们的心田藏匿着无量个心念种子，这是意识活动的源泉。为此，我们因拥有而自豪，同时也会因拥有而烦恼。

如果我们把理想播种在杂念丛生的心田，若不及时地清除杂念，如同灌木丛中播下的玉米种子，即便长出嫩苗，也是瘦弱的，随时都有枯萎的危险。不论你如何精心呵护，也是无济于事。

当代教育学家魏书生先生说"种好心田"，可不是一件容易的事情。当我们内心播种下理想的种子，其他各种心念与理想同时俱在，可能相继萌发。如同田地里的杂草与玉米相伴而生，在玉米苗还没有长大时，杂草和玉米同时享用阳光、水、肥料等，争夺玉米生长需要的资源。

当我们在心田埋下理想的种子，除非我们的心地本就清纯，否则都需要同杂念奋力拼搏。

访谈案例

FANGTANANLI

高中阶段是人们充满理想的时期，有学生问一位老教师：老师，你送出近三十届高中毕业生，有多少学生能够实现高中时期的理想？

交流摘要

JIAOLIUZHAIYAO

老师：大多数学生在高中阶段以考上大学为理想，如果包括复读后升入大学的，实现这个理想的人在百分之九十以上。

学生：我问的是职业理想。

老师：高中阶段是基础教育阶段，有明确职业理想的学生很少。在这方面我没有数字统计。

学生：您有没有遇到在高中时期立志从事科研工作的学生？

老师：每届都遇到。但最终从事科研工作的少之又少。

学生：您对此如何解释？

老师：专注！人能在几天，乃至几年内，专注于某件事情，但很难毕生专注于某件事情。

过程旁白

GUOCHENGPANGBAI

常常听人讲：事情的成败在"一念之差"。"一念之差"，一方面说明事的成败在很短时间内决定；另一方面，说明当事人即使一个意念的出现，也会改变事态的发展。每一个意念都具有随时生灭的可能，理想也是如此。杂草丛中的玉米幼苗难以收获，同样的，与理想无关的意念，如果不能及时抑制，就有可能取代我们的理想，命运的轨迹就会偏离了预定的航线。

延伸分析
YANSHENFENXI

在茫茫的沙漠，有一种植物叫沙拐枣。不论风蚀、沙割，还是沙埋，沙拐枣仍有可能长出新植株。沙拐枣的种子更是顽强，即便在恶劣条件下搁置两年以上，也不会丧失其生命力。

沙拐枣顽强的生命力令人叹服，但相比深藏于心田的心念，沙拐枣已无顽强可言。只要心念在心中形成，不论使用什么方法，都难以清除掉。只要相关刺激出现，心念就有可能被激活。

人们自幼的任何经历、体验或起心动念，均可能以心念的形式藏匿于心田。只要产生过的心念，并非因遗忘而在心田中消失，任何心念或许伴随心理存在的整个历程。在适宜的条件下，任何心念均可以意念或潜念的形式，作用于心理活动之中。人生是包括过去、现在与未来的有机整体。

教育启示
JIAOYUQISHI

许多家长费尽心机，帮助孩子考上师资条件、教育理念、管理水平、硬件设施等条件优越的学校。但要记住魏书生老师"收缩成本，回归内心"的话。不论学生的理想抱负怎样远大，学习条件怎样优越，学习方法怎样先进，若不灭除与理想实现无关的意念，再大的教育成本也难以保障理想顺利实现。

大到理想的实现，小到做好每件事情，均不允许与之无关的杂念滋生，否则就谈不上全神贯注的高效的工作或学习。学习者调整出良好的学习状态，同样需要排除无关的杂念。

在实现理想的征途中，我们时时刻刻接收着内在与外在的各种刺激信息，面临着种种诱惑，形成新的或激活旧的意念，这些意念足以使我们偏离理想的航道。我们每时每刻都需要抑制这些与理想无关的意念，否则，心田就会荒芜，理想就会化为乌有。生活需要多彩，心地需要清纯。锄去心田里的草，留下理想的苗。

我们需要与时俱进、激情洋溢、催人奋进的关于理想的诗篇。我们更需要铲除杂念的具体方法。这也正是讨论的主题。心理学认为理想是人生旅途中持久的内驱力。正如苏霍姆林斯基所言：思想是根基，理想是嫩绿的胚芽，在这上面生长出人类的思想、活动、行为、热情、激情的大树。

第二章 常规教育

第一节 怎样在落后的情况下前进

心理导读：学习就像长跑，不怕自己起跑慢，就怕没有信心、耐心和恒心。坚持一个一个地去超越，最终会赶上前面的团队，甚至是到达领先的位置。

回味生活
HUIWEISHENGHUO

在进化论创始人达尔文看来，"物竞天择，适者生存"是物种繁衍的法则，一般认为，其中的"竞"是指物种间的竞争，"择"是指自然选择，生物相互竞争，能适应者生存下来。

在当今人类社会，竞争充斥着社会的各个领域、生活的方方面面，竞争具体到人与人之间，甚至从幼儿入托便已开始。但当今的竞争并非是人的生存竞争，因为随着社会物质水平的提高，社会保障事业日臻完善，在安定的社会条件下，即便是失去劳动能力的人，也能得到基本生存保障。

可是，不论社会出现什么性质的竞争，只要竞争过度激烈，就会使人们的危机感与幸福感失衡，呈现出人人自危、家家惊慌的社会态势。在激烈的竞争之下，如何保障竞争者的良好心态，已成为社会关注的问题。

基本常识
JIBENCHANGSHI

每当考完试，总有学生暗下决心，争取下次考试进入到前几名，或赶超某同学，甚至家长或老师也为学生制定如此目标。但其结果往往不尽如人意，究其原因，其他同学也在做同样的努力。屡次受挫，自信心会在不同程度上受到影响，甚至可能使学生产生"我就是这个水平，自我超越都难，何况还要超越他人"的想法。

教师或家长对学生的教育同样不可好高骛远。在教育过程中，既要关注学生内心变化，又要贴近学生的生活，不失时机给予启发，尽量避免口头说教，方可取得事半功倍的效果。

访谈案例
FANGTANANLI

月考之后紧接着是学校春季运动会，学生的集体意识、集体荣誉感骤然爆发。班委与团支部通力合作，组织全班同学在较短的时间内，从各方面做好了充分准备。在运动会上，运动员奋力拼搏为班级争光，取得了全年级总分第二的好成绩。运动会结束后，班主任不失时机地利用班会、个别谈话等方式，增强学生的集体精神、团结精神、拼搏精神。

交流摘要
JIAOLIUZHAIYAO

老师：运动会上你跑5000米时，着实让大家为你捏了一把汗。

谭月磊：还好，总算没有让大家失望。

老师：对此你自己有何感想？

谭月磊：每一次超越都不轻松。

老师：学习是否也是如此？

谭月磊：在运动场上能够做到内在与外在的统一，在学习上并非如此，虽然内在有超越意识，但经常放任自己。

老师：为何在学习上放任自己呢？

谭月磊：这可能就是脑力活动与体力活动的差别。体力活动在众目睽睽之下，整个过程有人监视，容易做到身心合一。单纯的脑力活动则不然，只有结果出来才知自欺欺人，悔之晚矣。

老师：为了不后悔，在学习生活中还得需要运动场上的精神。

谭月磊：那得经常提醒或告诫自己，不然随时都可能懈怠。

老师：想过如何防止学习中的懈怠吗？

谭月磊：像您班会上讲的那样写一个座右铭，随时提醒自己。

老师：再就是创造一个良好的学风，同学间像运动场上那样相互鼓励。

谭月磊：在 5000 米跑中，我鼓励咱们班孙志强时，自己却先加劲跑了起来。学习中应该也是如此，鼓励他人学习比自我鼓励作用还大。

老师：你还有什么体会吗？

谭月磊：学习就像长跑，不怕自己起跑慢，就怕没有信心、耐心和恒心。坚持一个一个地去超越，最终会赶上前面的团队，甚至是到达领先的位置。

老师：运动场上看到的是外在超越，每个人更需内在的自我超越。

谭月磊：是呀，看到前面有那么多同学很容易自卑，或者说是怯懦。超越他人首先要战胜自我内在的负面情绪，树立起目标和信心。

老师：仔细回味还会发现，竞争与拼搏是自我身心的升华。

谭月磊：是的。客观上是超越了他人，主观上是战胜了自我。

老师：在遇到挫折时，经历过全身心拼搏的人不会怨天尤人。

谭月磊：对呀。我接触的体育生中，很多同学就有这样的人品，做事很有毅力，可惜他们的心思和兴趣不在学习上。

老师：人的志趣、毅力都可以转移，关键在于人生目标的确定。

过程旁白
GUOCHENGPANGBAI

人们经常担心人生会输在起跑线上，事实上人生是百年马拉松，爱因斯坦小学的成绩并未影响他人生的成就。幸福与成功是终生努力的结果。暂时的领先未必预示着将来的辉煌，因为每个人都有超越他人的可能。龟兔赛跑的寓言，在现实中时有发生。当一个教师参加高中毕业30年后的学生聚会时，让他自豪的可能是当初学习成绩平平的学生。

低谷中得到鼓励或支持，迷茫时得到引导或启发，无助时得到帮助或合作，可满足内在心理需求，更易振作精神，激发斗志。在利他之举中，感受他人的感恩，体验自我价值的实现，这也是自我的超越。

在人生的历程中，每个人都可能遇到若干个障碍，许多目标不能实现。如果因坎坷或目标落空，导致失去自信而自暴自弃，也就难以培养出坚强的意志力。没有坚强的意志力，即便有明确远大的目标，也难以取得人生的成果。

延伸分析
YANSHENFENXI

在人生的总体目标下，每个时段奋斗的目标定得过高未必是好事。只有在前进过程中，感受到自己在接近目标或达到目标，饱尝到成功的喜悦，才能不断地提高自信心，而不至因目标过高，经过努力实现不了而泄气。正如姚明曾在参加一次学生活动时所说："努力不一定成功，但放弃一定失败。"

教育启示
JIAOYUQISHI

在人生过程中，幸福和成功是与目标距离的缩短或超越目标的体验，未必是领先时的短暂自豪。可是，人们往往因暂时的落后肝肠寸断、焦虑万分，甚至不惜拔苗助长去赢得领先的荣耀，忽视人生最宝贵的内在信心、耐心和恒心的培养。教育只有坚持为每位学生未来发展负责，方可称其为立教育人，造福学生的终生。

第二节　预防大考前的时空障碍

心理导读：引导学生树立远大目标，心理时空可得以扩展，才能冲破时空障碍。

回味生活
HUIWEISHENGHUO

小时候学着父亲的样子，在山里的灌木丛中捉蝈蝈。当兴奋地发现蝈蝈后，就蹑手蹑脚地靠近它，可是每当我伸手去捉时，由于太激动了手一抖，结果把即将捉到的蝈蝈给吓跑了，气得自己又喊又叫。父亲看到我着急的样子，只教导我别紧张，从不帮我去捉。连续数日，天天见到蝈蝈，总是徒手而归。我慢慢地克服了紧张，根据父亲讲的要领，捉到了第一只蝈蝈，兴奋地又蹦又跳。可是，父亲并没有鼓励我，而是让我继续去捉，可捉了几次还是失败。直到我捉到蝈蝈不再兴奋，成功的概率也大了，父亲才说道："本就是件平常事，用不着得意忘形。"

捉蝈蝈的经历，使我从小就明白情绪对做事的负面影响。可是，我虽通事理却还是重结果，经常在做事的关键时刻，因兴奋激动导致手脚不稳，与成功失之交臂。在陪伴父亲离世前的 11 个月中，当我亲眼看到，死亡在父亲心中都是平常事，这才明白：做个平凡人容易，有颗平常心难。只有在平常心之下，方可不以物喜不以己悲，不论大事小事都能不计结果地认真对待，从而避免情绪干扰。

基本常识
JIBENCHANGSHI

森罗万象的现实世界，无不以时间为存在的表征，离开时间，世界就无从谈起。心理现象也是如此，个体的意识活动是按时间形成的序列。人们的心理状态有时受到关注目标的制约，目标的远近、大小，以及关注度与关注时间，直接影响心理的时空感，形成决定紧张度高低的诱因。

离已知的重大事件的发生时间越近，人的紧迫感、压力感、焦虑感或兴奋度可能越强。若是遇到结果不可预测的事件，时间给人的稍纵即逝之感，让人感到窒息般的压力，甚至使人出现神经症状。因此，中学生的时空感与理想教育密不可分。时空感的改变，是消除紧张、恐惧和焦虑等负面情绪的切入点。

访谈案例
FANGTANANLI

临近高考，学生时间感增强，出现焦虑也属常见现象。化解这种焦虑的有效方法，莫过于使学生突破心理的时间障碍。

交流摘要
JIAOLIUZHAIYAO

学生：老师，高考越来越近了，可我的成绩却非常不稳定，快急死人了。

老师：唉！不只是你急，家长和老师也都在急呀！

学生：是呀。他们急更使我急，越急越乱。最近不仅学习效率下降，睡眠也不好了。

老师：分析过自己为什么急吗？

学生：离高考就这些天了，自己的成绩又不稳定，怎么不急呀！

老师：如果一个人低头走路，看到的是什么？

学生：路面上的坎坷。

老师：盯着远方的目标前行的人，前进过程中掉入坑内，他怎么办？

学生：从坑内爬出来继续前行。哦！

老师：你明白了什么？

学生：我之所以急，是担心自己在达到目标时掉入坑中。

老师：你的目标和盯着远方的人的目标有什么区别？

学生：我是即将到达目标，他是目标在远方。

老师：你有没有远方的目标呀？

学生：我的目标就是考上一所好大学，其他的我还没有想过。

老师：考大学是近期目标，你有没有人生的远大目标？

学生：还没有想那么远。先考上一所好大学，将来就不用愁了。

老师：看来你就是那种低头走路的人了。

学生：走一步说一步，先考上大学之后再说。

老师听到这儿，让该生站到教师休息室中央，闭上眼睛在原地转圈，直到转得身体歪斜才让他停下来，接着鼓励他往前走，结果该生战战兢兢地挪动几步，就开始张开双手探物，脚下移动更慢。

老师：好。停下来，睁开眼吧。如果在没有障碍的操场中央，让你做这个游戏，你会如此小心紧张吗？

学生：开始不会。估计走到操场边缘也会这样。

老师：由此你明白了什么道理？

学生：我把高考看成了时空边缘，不知下一步的结果。所以，越临近高考越感恐慌。人生的时空应该更宽广，我不应该让高考的门栏挡住。

老师：大学学习只是促进未来发展的阶段，不是人生的终极目标。

学生：我只有高考目标，没想那么多、那么远。

老师：纵观我 30 年来教过的学生，人生的地位、价值和幸福取决于对他人及社会的贡献。人生是一场马拉松赛，成功需要终生的努力。

学生：老师，好大学师资力量雄厚，更有利于人生的成功呀。

老师：我有个家境贫寒的学生，高考并不理想。但他坚持学习，直至读完博士。现在在某所大学任教，其学术成就居国内领先水平。

学生：老师，我爸爸说就业需要看第一学历。

老师：若在读研或读博士期间，取得研究成果，第一学历还重要吗？

学生：谢谢老师，我明白了。再好的学习条件也需要自我努力，才能成为对社会有用的人才。高中三年重要，大学四年更重要。

过程旁白
GUOCHENGPANGBAI

社会、学校和家庭过度地渲染高考的重要性，甚至有些学校很少以毕业后为国家、为社会做出贡献的学生为荣，更多以考取清华、北大的学生为耀。致使部分中学生把人生境界、人生价值、人生荣辱、生存保障等定位在高考，在他们心中高考似乎成了人生追求的终点。故此，高考给他们一种屏障感，越临近高考越感时空在急速压缩，如同走近人生边缘，触发潜意识的生存危机感，而产生紧张、恐慌、焦虑情绪。引导学生树立远大目标，使心理时空得以扩展，方可冲破内心的时空障碍。

在这个案例中，由于学生对应试教育的片面认识，扩大了高考对人生的影响，造成一叶障目，形成心理上的时间节点。若学生对这个节点后的事情一无所知，本就具有强烈的高考紧迫感，又增添了茫然与困惑。消除心理时空障碍，人生的目标必须前置。

延伸分析
YANSHENFENXI

在伸手不见五指、四处均有陷阱的狭小空间里，不仅不能清楚自己走向何处，而且每行一步也让人胆战心惊。若再规定必须在极短时间内走出这个空间，否则就有生命危险，人就会有身临绝境之感。家庭、学校和社会不应过度渲染中考或高考的重要性，避免制造出类似这种步步惊心的虚拟时空现象。

在现实生活中，经常遇到期盼已久的事情即将发生，出现激动、紧张、焦虑等情绪，这也是情理之中的事情。若这些情绪过于强烈，成为正常工作、学习或生活的障碍，也就是形成了所谓的"时空障碍"。

这类时空障碍产生的原因，一般是源于对事情重要性的认知，对事情结果过于地执着。避免时空障，防患于未然，这是首选策略。当这类时空障碍发生时，不能改变认知的安慰或劝解，往往于事无补，还可能强化对事情重要性的认知，加大时空障碍。

教育启示
JIAOYUQISHI

优秀的班主任或家长不只是越临近高考，越不放松远大的理想教育、人生价值观教育，降低高考给学生带来的心理压力，保证学生具有平和的心态应对高考。他们也会在整个教育过程中，从人生的全局出发，时时遵循教育为学生终身负责的原则，在加强学生知识学习的过程中，引导学生体悟人生，培养学生良好的人生观、价值观和世界观，防止这类"时空障碍"的发生。

第三节　预防心念冲突导致拖拉行为

心理导读： 为拖拉找理由是自欺欺人，以苦为乐也是自欺欺人，但自我内心感受却是两重天，何乐而不为呢?!

回味生活
HUIWEISHENGHUO

在我专注于某事、身体出现不适或情绪低落时，不论是父母还是单位的领导，若安排我做我不喜欢做的事，我通常会找些客观理由设法推托，甚至还会直接撒谎拒绝。即便答应去做不愿做的事，不只是做事的效率不会很高，还难以保质保量地完成。若遇有自己想干的事则不然，我会欣然接受，愉悦地去做。

由于人的志向、兴趣、爱好和状态不同，每个人都有可能遇到去做不愿做之事的情况。在这种情况下，无奈之心能让我们饱尝五味杂陈之感。若长时间从事不愿干的事情，有时我们会不禁感叹道："这日子什么时候才能熬到头呀！"

从事不愿干或不喜欢干的事情，我们的内心还可能出现烦躁、焦虑或郁闷的不良心情，甚至还会危害身心健康。于是，每当你强调不愿意或不喜欢干某事时，安排者通常会进行一番鼓励、开导或训诫。若鼓励、开导或训诫依然改变不了你的心态，他们还会利用惩罚威逼着你去干，或者通过奖励诱惑你去干。当然，做不喜欢或不愿做之事，最理想的是能得到足以让你兴奋的奖赏。

基本常识
JIBENCHANGSHI

意念间的冲突一般是以意念交替出现的方式进行，若交替频率过高会出现坐立不安、六神无主、不知所措等焦虑情绪。意念和潜念的冲突表现为莫名其妙的烦躁、恐惧、厌倦、不安等情绪。潜念间的冲突则常表现为懒惰、躁郁、低沉、消极等心境。由于意念与潜念的相互转化性，上述三种冲突没有明确的界限，情绪反应也会极其相似，严重的还可能出现头晕、胸闷、呕吐、乏力、冒汗、心悸、呼吸急促等生理症状。

有趣的是当两个心念冲突或对峙时，有时会出现近乎中立的诡避意念，这个诡避意念既回避内心冲突的心念，又能让诡避意念合理化。表现为不去思考或不去做该做之事，用无关紧要的事情搪塞自己或他人，如做事时行动上磨磨蹭蹭、拖拖拉拉。

访谈案例
FANGTANANLI

在一次家长会上，吴晓荷同学的母亲和班主任交流时，两人有个共同的认识就是她做事无紧张感。每天早上起床，妈妈催促若干遍，她才会慢腾腾地钻出被窝，起床后也是慢条斯理、磨磨蹭蹭，妈妈为此天天和她生气。她在校的表现更是如此，人送外号"小拖拉"。为了改变她的拖拉习惯，班主任建议吴晓荷找许老师谈谈。

交流摘要
JIAOLIUZHAIYAO

老师：早上若起来晚了紧张吗？

吴晓荷：紧张。

老师：那你的行动呢？

吴晓荷同学笑而不答。

老师：是不是感觉躺在床上很舒服？

吴晓荷：也没这么想，就是想再躺会。

老师：躺着想些什么？

吴晓荷：有时背点英语，大多数时候想些乱七八糟的事情。

老师：是不是不想起床的事？也不怕上学晚了？

吴晓荷：不愿想起床的事。妈妈会再次叫我，不怕晚了。

老师：那你在学校做事也拖拉，就不怕到时完不成作业？

吴晓荷：怕。别看我做事拖拉，我心里还是挺着急的。

老师：既然着急为何还拖拖拉拉呢？

吴晓荷：我也不清楚。明明是急着要做的，但心里还是想三想四的。有时还用一些理由搪塞自己，直到不能再等了，才慌忙去做。

老师：恨自己的拖拉行为吗？

吴晓荷：恨！非常恨！早上妈妈叫醒我，心里就不舒服，起慢了再听到妈妈的数落，一天就如此开始。再加上平日拖拉常让自己很狼狈！很难堪！我也很内疚、很烦恼、很焦虑，可就是改不了拖拉的习惯。

老师：理解。不只是你，许多人有过拖拉的体验。

吴晓荷：理解？我自己都不能理解自己为何如此。

老师：现实生活中，做许多事情需要舍下当下的安逸。这在大脑中，若图安逸的心念与做事的心念发生冲突，就会形成躁郁或焦虑情绪。

吴晓荷：我有这种情绪，但不承认自己是好逸恶劳的人。

老师：不承认自己好逸恶劳，说明想压抑图安逸的天性。

吴晓荷：这有什么不对的？

老师：没什么不对。有时意识不到图安逸的心念存在，可这个心念依然在无意识中起着作用。要不然早上被叫醒你心里就不会感到不舒服。

吴晓荷：这与拖拉又有什么关系？

老师：当与图安逸的心念发生冲突时，面对心中产生的躁郁或焦虑的痛苦，人会试图暂且回避、搁置、屏蔽或压抑当前要做事的心念，以此缓解内心痛苦，这就造成了拖拉。

过程旁白
GUOCHENGPANGBAI

事实上，拖拉不同于懒惰。懒惰往往与不想去干有关，内疚感或焦虑感也低。但拖拉则是明知拖拉的后果，想干但又不痛快地去干，把时间浪费在无关紧要的事上，该做的事情却尽量往后拖，并且不自觉地为拖拉找借口安慰自己，直到迫在眉睫才慌忙去做。在拖拉的过程中或事后，均伴随内疚、不安、躁郁或焦虑情绪。

由于人们常常忽视拖拉与懒惰的差异，不理解这类拖拉者内心痛苦，一味地谴责有可能加重其痛苦。当然，因为自己原本不想拖拉，形成的直接原因是自控能力弱，事后难免自责或内疚，他人谴责或惩罚也会产生减轻自我悔恨与痛苦的效果。

贪图安逸、快乐和回避危险是人的天性使然，这类心念时常以潜念的形式起作用，凡是与之相背的心念会招致冲突，引起内心莫名其妙地不悦；凡是与之相符的事情，内心会不自觉地有喜悦感。当然，具有高尚人格的人在这方面的表现不尽其然。

延伸分析
YANSHENFENXI

加拿大皮尔斯·斯蒂尔博士关于"究竟什么造成了拖拉"进行30年的研究，得出了让人意想不到的答案：冲动。并指出："那些做事不走脑子的人、那些无法控制情绪的人、那些由着性子冲动行事的人，都是拖拉的人。"

皮尔斯·斯蒂尔的研究还发现，有些人的前额叶皮层天生就没有边缘系统发育得好，当边缘系统为了眼前的快感而否决前额叶皮层的长期规划时，拖拉就发生了。他由此得出的结论是：拖拉的程度"有大约一半是基因决定的"。当然，他不否认环境是诱发拖拉的部分原因。

斯蒂尔在《拖延心理学2》一书中，还给出了以"抑制冲动"为核心的"战拖大法"，包括远离诱惑，建议工作或学习和娱乐设置各自独立的领域等。总之，尽量使自己所处环境除做该做之事外，不再存在其他可做的事，以免分散注意力，不给拖拉有机可乘的机会。

交流摘要
JIAOLIUZHAIYAO

吴晓荷：看来我拖拉成性，无可救药了！

老师：斯蒂尔博士本人就是拖拉之人，不也成了专家吗？怎么能说没救呢？

吴晓荷：那我该如何是好啊？

老师：做喜欢的事。

吴晓荷：该做的事不一定都是喜欢做的事呀。

老师：潜意识有个弱点，容易被暗示。也就是你说什么它听什么，只有对抗不会反驳，而且你说的遍数多了它就信了，也就不对抗了。

吴晓荷：真的吗？

老师：这是真的。例如，早上快起床，妈妈做了好吃的早餐；快到学校去，那儿有我知心的同学；早到教室，师生间交流非常温馨；我能又好又快地完成作业，并能得到老师的表扬；等等。如此这般，在学习生活中，将要做的事转化为快乐或安逸的诱惑，顺应了贪图安逸、快乐与回避危险的本性。

吴晓荷：我从明天早上就开始试试，可我就烦我妈妈的唠叨。妈妈越唠叨我就越想磨蹭磨蹭气气她。

老师：你客观上是用磨蹭还击妈妈的唠叨，无意识中还是因怕拖拉导致自责的痛苦，给自己的拖拉编这么个理由来安慰自己。从妈妈爱你的角度理解她的唠叨，听到她的唠叨，就想妈妈多么爱你呀，你该回报给妈妈一个拥抱了。

吴晓荷：我知道了。该做的事情是逃避不掉的，与其为难发愁，不如快快乐乐地做事。许多情况下环境是无法改变的，还是避免违背安逸与快乐原则的负面认知，顺应自己的天性以苦为乐。

老师：为拖拉找理由是自欺欺人，以苦为乐也是自欺欺人，但自我内心感受却是两重天，何乐而不为呢?!

过程旁白
GUOCHENGPANGBAI

人们的联想、比较、判断、思维等认知，虽然离不开潜意识的支撑，但总归属于意识的范畴。在意识活动过程中，潜意识处于相对被动的状态。因此，积极的暗示有助于缓解心念冲突，从而能减轻躁郁或焦虑的强度，以免因不堪忍受痛苦而引起内在冲动，造成回避、搁置、屏蔽或压抑诱发痛苦的做事的心念，导致拖拉的行为。

人们在拖拉的行为过程中，根据环境因素经常出现一些诡避意念，为自己的拖拉寻找借口，使拖拉被合理化，避免自责或内疚的折磨。正是这些被合理化的诡避心念被潜意识所接受，有时内心不承认自己的拖拉，当遭到谴责时极力为自己的拖拉辩解。

延伸分析
YANSHENFENXI

在当今社会，由于人们的学习、工作和生活的危机感强、事物繁杂、压力大、诱惑多、物欲盛等因素，更容易诱发人们出现拖拉现象。中小学生假期作业不临近开学不做，学习不临近考试不急；大学生的脏衣服不堆成小山不洗，挂科之后才重视；工作中办事能拖就拖；亲朋好友聚会总有人迟迟不到……拖拉已成为常见的现象，从小学生到大学生，从职员到高管，各行各业拖拉现象越来越多，屡见不鲜。拖拉对个人、对家庭、对社会的危害也越来越大，很多时候成为矛盾的焦点，这不得不引起整个社会的关注。

教育启示
JIAOYUQISHI

拖拉的根源是心念冲突或对峙，特别是从贪图安逸快乐及回避危险的心念与做事心念的冲突看，拖拉其实是每个人与生俱来的秉性，只是各自的严重程度有所差异。形成拖拉行为的内在因素，包括生理状态、意志品质、兴趣与动机、激情与爱好、时间观与紧迫感、信念与能力、心态与态度等，外显因素包括做事的策略、方法、计划性、条理性、目标要求、奖惩机制、环境因素等。因此，克服拖拉不但要学会正面认知、积极暗示，还要从各方面入手，形成综合防治拖拉机制。

在家庭与学校教育中，不可简单地把拖拉理解为"慢性子"、"爱磨蹭"或"懒惰"，只强化管理措施，轻视对拖拉的心理纠正。德国一研究表明，慢性长期的拖延行为，暗示着潜在的心理及生理紊乱。因此，在教育或心理辅导过程中，除分析心念冲突外，还要注意有关心理疾病的诊断，如恐怖症、强迫症、抑郁症、焦虑症等心理疾病都具有做事拖拉的特征。

第四节 化解交往中的自卑感

心理导读：相互交流未必是为了博得对方理解，有时是为了倾诉自我的感受，这时耐心的听众就是知己。

回味生活
HUIWEISHENGHUO

在全国著名特教专家刘全礼教授的推荐下，我参加了"全国儿童学习障碍研讨会"，看到做报告的都是全国有名的专家教授、海归博士，与会者也是来自全国各地的精英。我作为来自山区中学的普通教师，顿感身份低微，只好跑到后排边角的位子坐下，以免引起人们的注意。

学习障碍不同于学业不良，大多与生理遗传有关。做报告的专家讲到计算障碍时，我联想到了在三十多年一线教学中遇到的具有计算障碍特征的学生，油然而生知之恨晚之感。特别是，当听到阅读障碍的讲解，更是让我感同身受，第一次明白我的阅读困难具有阅读障碍的基本特征。

在主讲老师互动交流时，看到参与互动者没有学习障碍的体验，自然他们的交流没有我想象得深入，我按捺不住内心的冲动，忘记了初入会场时的自卑感，举手参与到了交流之中。当我讲了几句之后，主持人邀请我到前台交流，这是我始料未及的事情，犹豫再三还是到前台接过了话筒。

作为具有阅读障碍特征的人，自然要比研究者的体验更深刻。在我的讲话过程中，浓重的方言又成了我交流的障碍，顿时自卑感再次升起。幸好刘全礼教授及时走到台前帮我"翻译"，不仅克服了我的交流困难，在精神上也给了我支持。尽管站了三十多年讲台，还是心怀忐忑地完成了交流，并得到了许多人的认同，这也使我备受鼓舞。在会议休息的间隙，与会的一位主讲老师主动找我交流，我的自卑感又消了几分。

人不论长幼，在特殊或陌生的场合下，出现自卑感是正常的。当我们迈出第一步，大胆表达自己的观点，说出自己的感受后，这本身就是战胜自卑。迈出这第一步，有时需要借助内心的冲动，当我们超越自我后，哪怕是得到一个人的认同，我们的自卑也会得到一定的化解。

基本常识
JIBENCHANGSHI

人的社会性决定了人与人之间交往的必要性，正常心态的人不仅具有与人交流的欲望，而且具有满足他人交流需求的欲望。如果这些欲望得不到满足，心中就会形成压抑感，严重的会形成交流障碍。

中学生的交流欲望强于成年人，加之情感的稳定性又弱于成年人。在交流过程中，成年人看似很小的冲突，有可能会造成他们较长时间的苦恼或压抑。通过下面案例，希望能引起对中学生交流问题的关注。

访谈案例
FANGTANANLI

张明宇从偏远的农村初中，抱着新鲜好奇的心态，进入了县一中的大门。在与同学们的交流中，因城乡间语言、内容上的差异产生了自卑感。从此，他压抑与同学交流的欲望，更加刻苦认真地学习。

进入高中后，张明宇同学的成绩不断提高，但阵发性焦虑却在一天天加重，由每隔一月左右出现一次焦躁，逐渐发展到两三天焦躁一次，厌学情绪也随之形成。无奈之下他把自己的心境告诉了班主任，经过与班主任的几次谈话，虽然认识上有所改变，但焦躁情绪没有减轻。班主任只好陪伴他前来咨询。

交流摘要
JIAOLIUZHAIYAO

老师：现在还有和他人交流的欲望吗？

学生：有，但又感到没有什么可说的。

老师：我也曾因压抑交流欲望，养成了想说却不说的习惯。如此压抑冲动时间长了，就变得没有什么可说的了。

学生：我就是这种状态。可为何有说不清的郁闷和焦躁呢？

老师：压抑到潜意识中的冲动并没有消失，随着压抑的次数增多，压抑的心念和被压抑的冲动心念不断地被强化，或者说二者的能量在积蓄。当能量积蓄到临界值时，就会感到郁闷或焦躁。

学生：老师，道理上可以说得清，但及时释放这些积蓄的能量很难。我曾经试着通过各种活动，如听听音乐、打打篮球、涂鸦、打电脑游戏、写日记等方式放松自己，虽然有效果，但不能根治焦躁。

老师：防止达到临界值，通过放松来释放积蓄的能量，并非唯一途径。

　　学生：老师，是不是还可以转化这些能量？

　　老师：是的。例如，培养自己浓厚的学习兴趣、激发学习动机，时常体验学习中的愉悦，淡化需要压抑的事情，可从源头上杜绝这种能量的积蓄。

　　学生：应该如此，但人与人交往是必须的。只要有交往我就难免压抑。

　　老师：咱俩在交流过程中，你感到压抑了吗？

　　学生：没有感到压抑。

　　老师：为什么咱俩交流没有压抑感？

　　学生：因为探讨的就是压抑，而且我们对压抑和焦躁有同感。

　　老师：你和我尚且如此，如果你和同学遇到有同感的话题，我想你也不会压抑自己的交流欲望吧？

　　学生：但愿如此，不过我还是没有自信。

　　老师：交流过程中，不论话语是否得体，只要是善意的，我心中就无愧疚。

　　学生：我也如此，可还是怕我的话得不到理解，而被人耻笑。

　　老师：他人说的话都能得到你的理解吗？

　　学生：有时我也是不理解他人为什么那样说。

　　老师：许多人与人的交流，不一定是为了博得对方理解，而是为了倾诉自我的感受，这时耐心的听众就是知己。你认为耻笑他人的人有涵养吗？

　　学生：没有涵养。

　　老师：没有涵养的人都不怕和他人交流，你怕什么？

　　学生：这倒也是。

过程旁白

GUOCHENGPANGBAI

因为人具有群体性、社会性的特征，特别是中学生的好奇心、对事物的新鲜感强于成年人，心理需要得到满足的愉悦，会产生与他人分享的冲动；遇到挫折或不满而郁闷时，也会有与人倾诉的欲望。若内心的愉悦或苦闷得不到及时地释放，压抑感、孤独感会随之而生。

强大自我是建立自信的重要条件。该生若在学习上建立起自信，这种自信可泛化到人际交往，同时，还可防止被压抑的心念转化为消极情绪。

当然，纠正在人际交往中的不合理认知，也可改变在人际交往中的心态。更重要的是提高自我涵养，扩大心量，学会接纳他人、礼让他人。

在人际交往过程中，要学会理解他人，掌握交往的要领。同时，敢于包容他人对自己的褒贬，学会幽默、自嘲，做他人的开心果。先让他人喜欢自己，慢慢地自己就会喜欢他人。

延伸分析

YANSHENFENXI

为了防止由此带来的心理不适，中学生表现出强烈的交友欲望。朋友间的交流主要有三点：第一是双方内在情感的相互释放；第二是促进信任而获得安全感；第三是对事物认知的相互补充。这三点中的一点得到实现，就是成功的交流。

教育启示

JIAOYUQISHI

中学生的生活高度紧张，交流时间被压缩，交流的欲望往往得不到满足，这也成为中学生产生压抑的重要因素。特别是缺乏交流会造成陌生感、危机感，易形成焦虑情绪。因此，引导学生适当交流，遇事学会正确地认知，学会扩大心量，提高涵养，这是降低压抑、化解焦躁的重要途径。

第五节 当下成绩未必决定未来

心理导读：巴顿将军有句名言："衡量一个人的成功标志，不是看他登到顶峰的高度，而是看他跌到低谷的反弹力。"

回味生活
HUIWEISHENGHUO

在生活中，当青少年把某件事做砸了，有的经常会喊："完了，完了。"有的还会喊："我完蛋了。"甚至有的还会说："这回我算是死定了。"不就是区区一件事吗？这样的喊叫至于吗？但是，这种喊叫有时还真的发自内心。

我在上初中前，除了出于义气帮人撒谎外，自己坚持不做坏事，也不撒谎掩饰自己。上初中后，有次由于虚荣心和残留心底的幼时全能感作怪，撒谎掩饰自己的缺点，被人当场戳穿，那时真有无地自容、末日到来的感觉。这件事情告诉我，未成年人经历的某件小事，对于他们造成的影响，有时远超成年人的想象。

基本常识
JIBENCHANGSHI

过去的许多事情，随着时间的流逝在记忆中逐渐淡化。教师如果缺少对已毕业学生的发展调查，很难对自己的教育理念进行全面地反思。眼前的成绩与未来的成就有无关联，取决于人的志向和毅力。我们反对以貌取人，更不可以根据学生当前的成绩妄下定论。

访谈案例
FANGTANANLI

从已走向社会的学生的反馈，看当下我们的教育，有助于更好地调整教育观，并以此也可帮助学生树立良好的学习观、分数观，如下案例：

交流摘要
JIAOLIUZHAIYAO

郭启宇：老师，我是你十二年前的学生郭启宇，您还记得我吗？

老师：实话实说，印象不是很深了。

郭启宇：若当初没有您的鼓励，不可能有我今天的事业与生活。

老师：你太夸张了吧。每个人的事业与幸福都掌握在自己手中。

郭启宇：是呀，这也是您当初所言。还如您所说：自我努力是因，外部条件是缘，只有因缘和合才有事件的形成。没有当初的缘，就没有今天的果，所以我永远感恩老师。

老师：难得你有如此感恩之心。

郭启宇：老师，我小学和初中学习成绩平平，父母托关系让我作为择校生进入高中。上高中后成绩总是倒数，父母、老师对我的学习不抱任何希望，我自己却从未失去学习的自信心。嘿嘿，就是学习不够专心，第一年高考我连个专科学校都没有考上。不知您是否还记得我去您班复读时的情景？

老师：实话实说，记不清了。

郭启宇：我看到去报名复读的学生成绩，我是倒数第一，我怕爸爸伤心转头就走。爸爸还是找您把我又劝了回去的。

老师：哦，你爸爸是否曾经和我是同事？

郭启宇：对，我爸爸是郭××。记得您第一次开班会，为了阐述您"人生成功不在于当下成绩，而在于不懈努力"的观点，讲述了十年前您班级中的某个学生，从学习成绩倒数，拼搏到我市第一个使用电脑设计喷泉的人，并成为喷泉业全国百强企业经理的故事。他的成长历程，使我深受触动。激发起我学习的斗志，尽管再次高考只考取了一个专科学校。但我经过不懈努力，由专升本直至读完博士，才有了今天让许多人美慕的工作。

老师：佩服你的意志力，我将用你的经历再去教育我的学生。

郭启宇：意志力也是老师激发出来的，再加上老师教给适合我的学习理念与方法，才有以后的进步。

老师：你这是心有灵犀一点通。

郭启宇：这话也对。上大学前，我虽然成绩不好，但内心深处我还是不甘心落后。不过没有他人的鼓励和指教，在逆境中还是难以自拔。

过程旁白
GUOCHENGPANGBAI

我们有很多与上述案例类似的案例，但常常忽视研究当下的教育理念和方法与学生未来发展的关系。十年树木，百年树人。人生成功需要终生教育，终生学习，终生努力。

逆境下的压抑，要么转化为负面情绪，要么转化为反弹的动力。许多人经常因当下的落后而焦虑，甚至又因焦虑而无法专心学习，而进入一种不良循环状态。

有远大志向或人生目标的人则不然，他们会在逆境中表现出卧薪尝胆、发愤图强、着眼未来、自强不息的优良品质，并且勇于战胜自我、完善自我、挑战自我，如巴顿将军所言："衡量一个人成功的标志，不是看他登到顶峰的高度，而是看他跌到低谷的反弹力。"

延伸分析
YANSHENFENXI

按照心理学家马斯洛的需求层次理论，每个人在生理、安全和社交需求得到满足的基础上，都有获得尊重和自我实现的需求。如果家长、老师对学生的评价基准，仅仅是学生的学科成绩，那么长期成绩低下的学生，他们尊重和自我实现需求就难以得到满足，容易造成他们在学习上灰心丧气，失去奋发学习的意志力。

教育启示 JIAOYUQISHI

在学校以学科成绩为评价基准的机制下，长期成绩不理想的学生，他们的尊重和自我实现需求得不到满足，但并不说明他们的需求不存在了。他们的需求只是受到了抑制，或者说是压抑，适当地对他们进行激发，可能诱发出无限的能量，成为他们奋发学习的内驱力。

巴顿将军有句名言："衡量一个人的成功标志，不是看他登到顶峰的高度，而是看他跌到低谷的反弹力。"教师和家长面对成绩不佳的学生，应扪心自问：我们激发他的反弹力了吗？

从学校领导到教师、家长，乃至社会对教师或父母教育的评价，时常以学生考取名校，或者在校阶段性考试成绩的名次为基准，导致教育的目光盯在如何提高学生成绩上，进而采取机械的题海战术、疲劳战术，忽视学生未来发展需要的更多素养。

第六节　勿让父辈期望成为学习负担

心理导读：解题需要的是知识、经验、方法与策略，而不是与解题无关的顾虑。

回味生活 HUIWEISHENGHUO

在 20 世纪 90 年代，我作为一名高中数学教师，长期担任高三两个班的数学课与班主任工作。早上儿子没起床就去陪学生上早操，晚上等学生上完晚自习才回家，一天之中只有吃饭时间才能和儿子在一起。儿子的学习成绩从小学开始就不好，而我心里着急却顾不上他，最终他只考了个专科院校。

儿子上初中时，他的某个任课老师的孩子学习成绩也不好，她见了我说道："许老师，我们当教师的连自己的孩子都没教育好，我感到在教室里都无法理直气壮地教育学生。"我反问道："孩子品行怎样？"她说："品行还可以。别看学习不好，却爱帮助同学。"我说道："这或许就是我们值得自豪的事情。"两人相视一笑。

在许多家长的观念之中，孩子犹如家庭的天，父母犹如擎天的柱。天越高，柱越显得挺拔，天越低，柱越显得弯曲，以至于有的家长因孩子学习成绩不好，在人前有抬不起头来的感觉。

基本常识
JIBENCHANGSHI

当孩子来到这个世间，家长或多或少都寄予希冀，这种对孩子的期望，有的来自几代人光宗耀祖的期盼；有的来自家长没有实现的欲望；有的源于家长工作、生活中的挫折，不愿意孩子重蹈覆辙……这些希冀强加在孩子身上，有的成为孩子的人生目标，或者说是学习、生活的动力，但也可能成为孩子的心理负担，甚至成为孩子的心理障碍。

访谈案例
FANGTANANLI

老师在班上讲了寒假注意事项后，留下两位离家较近的同学，负责清理教室卫生、关好教室门窗，宣布其他同学即刻离校。当老师再次回到教室，发现留下的两位同学和孙佳星同学还没走，随即嘱咐道：整理好了，你们也早点回家吧。

其中一位留下的同学喃喃地说：老师，孙佳星同学他……

交流摘要
JIAOLIUZHAIYAO

老师示意留下的两位同学离校，径自走到孙佳星同学身边问道：孙佳星，你怎么还不离校？还有什么事情吗？

孙佳星：老师，我考试成绩不理想，正在犹豫回去如何向父母交代。

老师看着这位来自偏僻农村，平日学习刻苦认真的学生说：你的成绩也可以呀，明年本科没有问题的。

孙佳星：老师。我在小学、初中都是名列前茅，家长对我寄予厚望。可现在我、我……唉……

老师：回家后和父母如实说明你现在的学习情况，父母是能理解的。

孙佳星：我会这样做的，但我还是觉得辜负了他们的期望。

老师：小学、初中你是在农村上的，由于师资条件的限制，你的语文和英语比城里学生基础差。上高中后，各科学习任务都很重，没有多少时间补，这次考试你还是弱在这两科上。

孙佳星：是的，但我的其他科目也没有发挥好。

老师：自己知道原因吗？

孙佳星：知道。考试时压力太大，平时能做出的题目，在考场上却做不出来。粗心的地方也比平日多。

老师：你不是把考试作为训练，或者检验自己前段时间的学习情况的一种方式，而是把考试作为某种欲望的满足。

孙佳星：老师说得对。答卷时，一遇到障碍我就萌发失望的念头，总怕成绩不好，辜负父母期望，结果越紧张思维越乱，卷子答得一塌糊涂。

老师：在今后的学习中，改变这种心态即可。

孙佳星：我现在很愁回家。看到父母失望的表情，我心里就非常内疚。

老师：将这份内疚化为学习的动力，没有克服不了的困难。

孙佳星：我努力地学习，但现在换来的还是让父母失望。

老师：人贵有志。人生的成功不是当前的成绩，而是未来的贡献。在未来的工作岗位上，以你现在的思想品质、意志品质和刻苦精神，一定能做出一番成绩。到那时，你才能实现真正意义上的回报父母。

孙佳星：这一点我清楚，但父母却总是根据当前成绩展望我的未来。

老师：理解父母望子成龙的心情。你回家后，在他们面前表现出自信、坚韧、豁达、上进，让父母看到你在落后的情况下，勇于进取的精神。

孙佳星：谢谢老师，你也该回家了。我回去试试看吧。

过程旁白
GUOCHENGPANGBAI

在班级工作中，经常遇到学生反映家长不顾孩子的志趣，把自己的愿望强加在孩子身上的事情。若发现孩子的发展与自己愿望不相吻合，直接表现出失望的情绪，给本来对父母言听计从的孩子，造成极大心理压力，有的则使亲子关系疏远，不愿意和父母沟通，甚至表现出逆反心理。

另外，不情愿地按他人要求做事，易造成意识与潜意识冲突，进而会表现出出错率增高、精力难以集中等现象，心底也会升起厌倦情绪。

具有健康人格的人是自由的人，这种自由主要体现在能感受到以自我意识支配自己的行为。这个案例中，该生能够根据实际合理地自我定位，但父母愿望的干预，使他把考试变成了满足父母欲望的方式。当实现欲望的过程中受阻，失望与内疚随即而生，导致紧张、焦虑，更难发挥出应有水平。这是个可怕的怪圈。

延伸分析
YANSHENFENXI

解题需要的是知识、经验、方法与策略，而不是与解题无关的顾虑，进入学习状态需要清除与学习无关的杂念。否则，任何与解题无关的心理负担都可能会成为解题的障碍。

教育启示
JIAOYUQISHI

生活中有一个简单的道理：一个人身体负重越大行动越吃力。学生的心理负担不仅仅是学习中面临的困难，他们还要承担来自家长、老师、亲朋、社会等各方面的压力。减轻学生负担不只是减轻学习难度、作业量，或者教育内容，更重要的是减轻学习内容之外的各种压力。

另外，树立学生的理想，也并非是让学生去满足或继承父辈的希望，社会的需求、个体的志趣才是理想建立的基础。

第七节　领悟"威信"减缓落选的压抑

心理导读：个人威信不在于其担任什么职务，而在于他给人带来多大的利益。

回味生活
HUIWEISHENGHUO

我在山里长大，儿时经常爬山，饱尝过"上山容易下山难"的窘迫。上山途中，面对的是陡坡峭壁，仰视着攀爬的路径，往上攀爬越用力，坠落的可能性就越小。下山的时候，面对着深谷，并且坠落与下山同向，若是再负重而下，可谓是步步惊心。

现在的孩子登山旅游，不像我们儿时的登山劳动，他们尽可拾级而上或沿已有路径攀登，沿途甚至有人为的保护设施。我们那时需要自辟蹊径、探路而行，既要探索上山之路，又要思考下山之径。爬山需要智慧，能爬上去却不知如何下来者，那是愚蠢；知道能上又能下却不敢攀登者，那是懦夫；爬上去了，知道能下来却不敢下来者，那叫半吊子；能上去又能下来者，那才叫智慧。

无限风光在险峰，如果人生旅途只有平坦，没有坎坷，万事都一帆风顺，事事都称心如意，或许我们会感到平庸乏味。在人生旅途中，只有既拥有不畏艰险敢于攀登的精神，又有能上能下的胆识、拿得起放得下的智慧、坚韧不拔的意志，才可能翻山越岭、跨越沟壑、穿越沼泽或沙漠地带，才能创造出丰富多彩的人生。

基本常识
JIBENCHANGSHI

在现实生活中，如《四圣心源》中所说："物情乐升而恶降，升为得位，降为失位。得位则喜，未得则怒，失位则恐，将失则悲，自然之性如此。"我们因为成绩、职位、薪水等升降，诱发情绪变化、心态不稳，这是正常现象。若由此诱发出的情绪给我们正常的心理或行为造成较长时间的负面影响，这就需要改变认知、调整心态了。

访谈案例
FANGTANANLI

这是新学年开学后的第三周，心理老师前脚送走一个来访学生，后脚又跟来一个紧锁眉头、面带尴尬的女生。

交流摘要
JIAOLIUZHAIYAO

学生：老师，明知您到下班时间了还来打扰您，非常抱歉。

老师：哦，没关系。你们学习时间紧张，利用吃饭时间来访可以理解。有什么需要我帮助的吗？

学生：自从高二分班后，我心里很是压抑。

老师：能说得具体些吗？如什么事情使你感到压抑？

学生：我从小学一年级就开始担任班干部，一直到高一结束。学习成绩也一直在班里名列前茅。这次分班后我不再是班干部，感到自己很失落。

老师：你有这样的失落感很正常。十年前，我从一所乡下中学调入咱们一中时，也有过类似的感受。

学生：谢谢老师的理解。我好胜心强，又心直口快，面对这些改变，表面上强装平静，但内心却难以接受这些现实。

老师：你和妈妈说过现在的心情吗？

学生：没有。我怕妈妈知道我的现状后，让她失望。

老师：只要你不放弃自己的学习与理想，妈妈能够理解的。

学生：我一直是妈妈的自豪。她在亲朋好友面前，总爱炫耀我的学习成绩优秀，又是班干部。在私下里也经常说"我为她争面子"。知道妈妈的虚荣心强，所以到现在也没有让她知道我的处境。

老师：你是个孝顺的孩子，这事的确让你为难。妈妈希望你未来从事什么职业？

学生：医生。

老师：你赞同妈妈让你从医的愿望吗？

学生：老师，我也愿意从医。

老师：你们为什么选择从医呀？

学生：老师，我是一个单亲家庭。爸爸三年前患病去世了，为了不再有像我们这样的家庭悲剧重演，我希望自己将来成为一名优秀的医生。

老师：对不起，不该引起你的伤痛。我为你未来的选择而感动。既然你有如此志向，面对当前的情况，你不该压抑呀。

　　学生：我也这样想过。在班里担任班干部的仅仅是少数同学，大多数同学和我一样。我心里能找到平衡，但看到班里的一些事情，总是有想去管管的冲动，又想到自己不再是班干部，又压抑自己不再去想。

　　老师：这是很正常的，时间长了那种冲动就会自然消失。但你不觉得可以带头去做那些事情吗？

　　学生：既然不是班干部了，再去带头做那些事，总担心同学们说我出风头。

　　老师：利于他人、利于集体的事情，我想同学们不会说你出风头的。想一想，你愿意排斥对自己有益的人和事吗？

　　学生：老师，我明白了。一个人的威信不在于他担任什么职务，而在于他给周边的人带来多大的利益。

　　老师：回家后如实和妈妈谈谈自己的现状，以及自己的思想变化，会发现你的担心是多余的。

　　学生：谢谢老师。您也该回去吃饭了。

过程旁白
GUOCHENGPANGBAI

　　压抑，心理学上专指个人受挫后，不是将变化的思想、情绪释放出来，而是将其压抑在心头，不愿承认烦恼的存在。压抑虽然意识上可能出现相对平静的心态，但会导致潜意识的冲突，诱发出不良心境，甚至还会出现不良躯体症状。

　　在现实生活中，为了不伤害他人或保护自己而压抑自己的欲望，在所难免。与其有了压抑去化解压抑，不如避免产生压抑。

　　因为认知是导致压抑的重要原因，为了解决压抑问题，需要做到以下两点：一是改变对导致产生压抑的事物的认知；二是认识自我、提升自我、完善自我，避免产生压抑，使自己的情绪不被客观事物所左右。

　　本案例中学生出现压抑感，源于内在心理变化滞后于外部环境变化，认知偏差造成了内在压抑。引导学生改变认知，就可以实现心态调整，克服压抑。

事实上，该生和老师推心置腹地谈话，得到老师的认同或支持，这本身就可降低内心的压抑感。如果老师的观点或建议能够得到该生的认同，其压抑感即可消失。

延伸分析
YANSHENFENXI

高中生的自我调控能力增强，在情绪表现上呈现文饰性的特征，即内在情绪与外部情绪表现表里不一，如同给自己带上假面具，让人捉摸不透其内心真实的情感，这无疑给自我带来压抑感。例如，有时一句谎言，需要用若干个谎言不断地去掩饰，这样就给自己带来无形的心理负担。

教育启示
JIAOYUQISHI

面对中学生的压抑感，首先学会分析形成压抑的客观与主观原因，寻找突破压抑的方式方法，避免因有压抑感而烦恼。压抑本身并不可怕，压抑带来的烦恼才是对自我的伤害。在教育过程中，教育者和受教育者间的相互理解、相互认同、相互支持，可以有效地抵御心理压抑，让孩子舒心地学习和生活。

第八节　家庭气氛与孩子的手机依赖

心理导读："听"比"讲"难。回家的学生需要聆听父母的教诲，也希望"学习的事情请爸爸听听，生活中的烦恼让妈妈知道"。

回味生活
HUIWEISHENGHUO

孩子偷玩手机，被家长或老师逮着，常会遭到这样的质问："你是不是经常偷着玩手机?"孩子会满脸冤屈地强词夺理："我就玩了几次，没有经常玩。"家长或老师不是时时都在孩子跟前，在他们心中能逮着孩子玩手机绝非偶然，何况他们还会以自己玩手机之心猜度孩子。所以，一般不会相信孩子的话："抓住你了，还不承认?!"这是让孩子有口难辩的事情，我们可以从孩子表情上看到孩子的冤屈、恐惧、愤怒或压抑。许多家长或老师经常只顾惜孩子的行为引起的自我愤怒，忽视孩子的内心感受，甚至忽视由此产生的后果。

从孩子有了自己的生活空间，开始脱离家长的视线独立活动，家长会不自觉地从对孩子现有的感知，以点带面地去推知孩子的全部活动。这也就容易造成孩子与家长间的互不理解，或学生与老师间的互不信任。遇到孩子违规，教育者与其前后联想，不如就事论事，以免扩大事态。

基本常识
JIBENCHANGSHI

同学间需要相互理解、相互尊重，在家庭中同样也是如此。我们都希望用自己的观点说服他人，但容易忽视他人也有同样的心态——想说服你。说而不听者，失聪；听而不说者，压抑。沟通需要既听亦说。

和谐的家庭气氛，并非只需要共识，更需要的是理解与包容。看看下面一家三口发生的事情，想一想，我们家庭中是否也有类似的事情。

访谈案例
FANGTANANLI

高二的年轻班主任打来电话，说班里的陈欣怡学生最近从常请假，发展到不想上学，希望心理咨询老师帮他做该生心理工作。应约后，走进咨询室的是一家三口。

交流摘要

看到面带怒气的学生和愁容满面的家长，落座后，老师平和地说：你们谁先说呢？

学生指着妈妈抢先开口：让她先说。

妈妈略显无奈地说：前些日子，她把手机丢了，她非要再买一款新手机。我们答应再给她买款能打电话、上微信即可的低档手机，但她坚持要一款高档手机。不答应她的要求，这就恼气。哪有这样的孩子？不想好好上学，整天玩手机上网。

学生听了妈妈的陈述，按捺不住地说：我什么时候整天上网了？

老师：妈妈的用词不当，要谅解妈妈。

学生：怎么能谅解她？回家后，除了吃饭外，她恨不得我什么也别做，一刻不停地学习才能满足她的心愿。

爸爸：我说少唠叨她，就不听。两个人见面就拌嘴。

看到带火药味的气氛，老师问道：陈欣怡，你成绩如何？

爸爸：在班里前十名左右。如果成绩再差些，也就没有必要再要求她了。

老师：你一天玩多长时间的手机？

学生：中午吃饭后最多十分钟，晚上睡觉前也是十分钟左右。

老师：上网做些什么？

学生：看看空间、购物网，偶尔和朋友聊两句天。

老师：虽然上网没有多少事情，但若不上网是不是就感到空虚、不安？

学生：是的。可上网并不影响我的学习。

老师：平日是不是很少和父母交流？

学生：他们除了翻来覆去说谁家的孩子多么好学、成绩怎样，而你如何、如何，你应该怎么、怎么学习之外，没有可交流的。

老师：你也可以把你的一些想法告诉父母呀。

学生：只要是与学习无关的，你问他们能听吗？

老师：你们知道孩子在学校里，一天坐几个小时吗？作为通校生，同学间几乎没有相互交流的时间，你们知道吗？

看到两位家长相互对视，无言以对，老师继续说：如果孩子在学校不认真学习，她能在班级中保持这个名次吗？你们想一想，如果你们像孩子这样生活，你们有何感受？

妈妈：高中学习就是如此紧张，人家的孩子能专心学习，她怎么就不能？还是平日太娇惯她了。

学生：我在学校里专心学习，回家就不能放松一下吗？

老师：谁没有七情六欲，更何况是风华正茂的中学生。合理地放松，释放淤积的情绪，父母是应该理解的。你是否对手机形成依赖了？

学生：手机是我和朋友交流的主要途径，是有些依赖了。

老师：在学校玩手机吗？

学生：您知道的，学校不允许，再说学校时间安排得紧张，哪有时间玩？

老师：你为什么要档次高的手机呢？

学生：上网速度快，节省时间。买低档手机，不就是为了不让我上网。

妈妈：现在你学习这么紧张，不让上网有什么不对的。

学生：不让上网我就学不下去。

老师：对手机的依赖如同抽烟上瘾，要想顺利摆脱这种依赖，还得有个循序渐进的过程。父母这种过急措施，孩子是很难接受的。

爸爸：戒烟，我有体会。娘俩开口就吵，当妈的就知道命令式教育。

学生：你也别装好人，动不动就不想上学就别上了，能考什么样算什么样……你也是够烦人的。

妈妈：我们要求她学习她不愿意，不要求她学习同样也不愿意。

老师：爸爸是看你上学为难，才这样说吧？你该理解爸爸。

学生：我理解他，他不理解我。谁不想为自己将来的发展考个好大学。都什么年代了，还拿着他的成长经历教育我。

老师：父母都希望女儿考上好大学，在社会上有更好的发展空间。妈妈求才心切，爸爸又心疼女儿。你们这是一个和谐、美满的家庭，就是气氛还不够融洽。

爸爸：现在的孩子就是身在福中不知福。

老师：当父母大约是"70"后吧。在20世纪70年代或80年代初期，由于经济的原因，满足基本物质需求，就可以给人带来幸福感。现在则有所不同，幸福感还需要满足内在的精神需求。

爸爸：老师说到点子上去了。在和孩子沟通上我经常忽视了这一点。

老师：我很喜欢《常回家看看》这首歌，其中有两句歌词是"生活中的烦恼和妈妈说说，工作的事情和爸爸谈谈"，但是，我们当父母的，能让孩子能尽情地说吗？孩子说话时，是否专心听了？

学生：老师，我回家后就给他们唱这首歌听。不过我得改改歌词："学习的事情请爸爸听听，生活中的烦恼让妈妈知道。"

学生近乎顽皮的话语，结束了本次咨询。虽然没有再提手机的事情，但他们带着各自的反思离去。

过程旁白
GUOCHENGPANGBAI

学生的成长不仅需要物质生活的满足，还需要情感上的相互关爱，心灵上的相互尊重。学生取得成功需要和父母、老师、同学、亲朋好友分享，遇到挫折或烦恼也需要他们的安慰与鼓励。学生在获取知识的同时，也需要情感与精神的食粮。

网上交流不同于面对面交流。在网上的情感交流，可不顾对方的感受，甚至不看对方的回应，尽情地说自己要说的话，毫无忌惮地释放内心的压抑，宣泄自我的情绪。即便明知自己所说会得罪对方，也清楚不会立马受到打击。何况网上交流本就是聊天，不论对方说什么，大不了不看，或只发个表情图片做个回应。因此，网聊更易让人产生知己感。

家长担心孩子玩手机会影响学习，甚至联系到其前途，这是无可厚非的。若将担心投射到孩子身上，一味地阻止孩子与学习无关的行为，忽视孩子的内在诉求，势必会造成他们内心的压抑。内心的压抑经常会转换成情绪释放出来，这就可能会影响亲子关系，甚至造成亲子交流障碍。

在面对面的交流中，双方的微表情具有促进或阻碍交流的作用。在家庭交流中，如果孩子和家长分享的是学习上进步的快乐，有的家长即便是内心喜悦，又怕孩子骄傲而影响学习，从而进行一番教育；如果孩子和家长分享的是学习上退步的烦恼，有的家长会数落孩子平日做了哪些与学习无关的事情；如果孩子分享的是同学间产生的烦恼，很有可能会引起家长的一系列教导等。

特别是，许多家长不等孩子把话说完，就开始评判、指导孩子。打断孩子的言行，使孩子欲言又止，其内心受到压抑或打击，这也成为孩子负面情绪产生的重要根源。同时，家长对孩子的压抑行为，也会导致孩子因怕被压抑或打击使内心烦恼，而把情感分享或宣泄转移到手机网络上。如此一来，手机也就更成了孩子的依赖。

延伸分析
YANSHENFENXI

许多人在外可能是彬彬有礼、善解人意，讲求交流艺术，回到家中未必如此。因为在外的言行容易让人情绪压抑、身心疲劳，回家后谁不想放松情绪、享受温存。何况血浓于水，不必介意谁得罪谁。做父母的尚且如此，何况年轻的孩子。上述案例中，学生回家后为什么玩手机，值得深思。

教育启示
JIAOYUQISHI

一般来说，听比说难。善听者，片言只语亦能发人深省；善言者，能言善辩难免话多必失。耐心地听他人的倾诉，才能恰当地发表自己的建议，更不易把自己的观点强加于人。在家庭教育中，家长以身作则，不玩手机，悉心倾听孩子心声，适时引导，相信孩子的反思能力，这是改善孩子手机依赖的必要条件。

第九节　如何预防考前预期性焦虑

心理导读：适度的焦虑使人们尽快投入到紧张的学习、工作和生活中，过度的焦虑则成为我们的痛苦。

回味生活
HUIWEISHENGHUO

许多人在生活中有这样的体验，做某件事前预想出各种可能发生的情况，有的还会预想出某种情况出现时的各种预案。如此思来想去，闹得自己寝食不安，真正去做时才发现事情没有自己想得那样复杂。可是，再次去做类似的事情，还是会忍不住地前思后想，再去做时仍然是没有想象的那样。

特别是，当事前预想的某种情况可能出现，百思不得良策之时，内心便会慌乱起来，以致使自己坐卧不安。这时，有人以豁出去了的态度结束思虑；有人则问东问西希望他人帮自己拿定主意；有人怀着忐忑的心情直至事情做完方可安心；有人则因顾虑重重而干脆放弃要做之事……不论事前出现怎样的心态，最终还得面对事后的结果，在这方面初生牛犊不畏虎的青少年，有时要比成年人表现得更果断自然。

在现代教育中，考试是反映中学生学习成果的手段和方法，只有通过考试，学习水平才会被认可，而在考试前或考试中，中学生心理会有这样或那样的状态，影响考试结果，这也是学生、教师和家长最为关注的问题。每次大考之前，有的学生、家长或教师由于太重视考试结果，也是耐不住去做各种预想，以便提前做好各种准备，这似乎是件好事，但若过度地思考就有可能出现焦虑不安的现象。

基本常识
JIBENCHANGSHI

焦虑是一种紧张状态，适度的焦虑会激发我们去做一些事情，但是过分的焦虑会形成压力，成为我们做事的障碍。弗洛伊德学派认为，焦虑通常有三种表现形式，即现实焦虑、预期性焦虑和道德焦虑。

现实焦虑是害怕周围世界中所存在的危险。道德焦虑是个体欲望或行为与人生价值观、道德观、世界观的冲突，不能原谅自己而导致的焦虑。预期性焦虑是指由于自己头脑中的主观想象而产生的，是当事人对还没有发生事情的结果有一种担心，并且把自己的担心当成事实，主观上以为担心的事情一定会如期发生，而且夸大这种担心结果的糟糕性，为此焦虑不安。

访谈案例
FANGTANANLI

教育者应合理地认识学生的考前预期性焦虑，避免因学生的考前焦虑而焦虑，如下案例：

交流摘要
JIAOLIUZHAIYAO

学生：老师，我考试时，总是紧张怎么办？

老师：考试时，你没有紧张呀。

学生：你监场时，应该听到我因为紧张，颤抖得手书写时发出声音。

老师：听到了，不过那是你考试前。

该生叫刘芳，每次考试拿到试卷就开始紧张，书写试卷姓名、考号时，抖动的笔透过试卷点击桌面的声音，足以让整个考场听到。对此，老师心知肚明。当刘芳听到老师的回答，笑了。

原来刘芳开始答题后，身心倾注于解答，紧张情绪荡然无存，并且该生成绩一直名列前茅。

过程旁白
GUOCHENGPANGBAI

在激烈的竞争时代，特别是主张应试教育的今天，预期性焦虑成为中学生常见的心理问题。教育工作者、心理工作者不仅需要克服自身的预期性焦虑，还要帮助他人克服预期性焦虑，于是，他们无休止地探寻，并且积累了丰富的经验。在他们滔滔不绝地回答中，人们会体悟到：战胜预期性焦虑的锦囊妙计就在调整自我身心。

延伸分析
YANSHENFENXI

从理论上说，学生、教师和家长考前准备工作越细致周密越好，但是，考前或考试中，存在许多不确定因素，若想全面细致，有时需要穷思竭虑地去想，甚至怀疑准备工作的充分性，这也就成为考前预期焦虑产生的主观原因。我们关注学生考前和考试过程中的问题无可厚非，若是过度重视或过度思考就可能会诱发考前预期焦虑。

　　从经历的三十多届高考生中发现，他们往往都是考前紧张焦虑，开始答卷后，这种紧张焦虑情绪就会自然停止。只有个别考生答卷遇到阻力，或者在考试结束的前几分钟时，紧张焦虑情绪又会出现，但这时影响成绩的可能性已经很小。

　　当考生了解紧张焦虑发生在考前，答卷开始后这种情绪会自然消失的规律，只要经过几次考试的历练，考前紧张焦虑情绪也会自然降低。许多家长和教师担心考生紧张焦虑会影响成绩，这大多是多余的，甚至对考生是无益的。

典型案例
DIANXINGANLI

　　高考前，有一位家长急匆匆地跑到老师身边，神情慌张地说："老师，能否转告我的孩子考试别紧张，他不论他考得如何，俺都不会怪他。"

　　老师分发准考证时，把家长的话告诉了这位同学，这位同学无奈地说："老师，你知道我考试是不会紧张的。但我爸爸有血压高的毛病，麻烦您转告他千万不要紧张，不然会让我担心的。"

　　当考生进入全神贯注的解题状态，与解题无关的内部、外部因素不再在意识觉知的范围。联想到每年各地发生家长拦截考点周围过往车辆，怕车辆通行的噪声影响孩子考试的现象，其心情可以理解，其作用微不足道。反之，还会因增添紧张气氛，强化考生的焦虑。

教育启示
JIAOYUQISHI

　　了解高考的人知道：高考命题者一般会清楚考前焦虑现象，命题时前几个题目通常比较简单，即便考生带着紧张焦虑的情绪读完题目，解题思路也很容易产生。当考生开始解答时，注意力就转移到做题上，紧张焦虑情绪也就会随之消失。当然，我们不否认考前焦虑影响考生学习、睡眠等现象的存在，也不否认考试中因解题受阻而焦虑的事情发生，这或许是教师与家长考前工作的重点。

另外，在教育过程中，不可忽视学生考试后的心理状态，以及考试成绩对他们生活的影响。关于学生考后心理状态的合理分析、客观准确地认识考试中出现的问题，并在平日教学过程中化解这些问题，这既可以预防未来可能发生的考前焦虑，也有助于端正学生的学习及考试态度，促进青少年身心健康成长。

第十节　从投射原理引起的自我反思

心理导读：把你做事看作光源，做事姿态看作投影物，他人之心看作投影幕，他人对你的印象看作影像。从这个机械的比喻中，可了解在他人心中印象的形成过程。

回味生活
HUIWEISHENGHUO

每当看到儿童或动物逗自己的影子，我就联想到上大学时第一次看哈哈镜时的窘态。特别是，当我看到网上一个儿童被自己影子吓得手足无措、慌张逃避的视频，更是联想到众多有关影子的童话故事。

《庄子·应帝王》曰："至人之用心若镜，不将不迎，应而不藏，故能胜物而不伤。"但是，我们并非是"用心若镜"，而是经常因所见所闻而百感交集，甚至是为之心力交瘁而伤心。我们或许会笑儿童面对自己的影子所表现出的幼稚，却别忘了我们常为自己留在他人心中的影子而纠结。

基本常识
JIBENCHANGSHI

心理投射是常见的心理现象。即个体不自觉地把自己不被接受的动机和欲念加诸他人，以掩饰自己那些不受欢迎的性格特征，摆脱自己内心的紧张心理，保护自己。看到他人在议论，就以为在说自己，甚至出现"以己度人"的现象。

在教育工作中，教师或家长不仅要特别关注这类学生，必要时还得进行心理干预，使其尽快摆脱心理投射的困扰。

访谈案例
FANGTANANLI

心理投射是普遍存在的现象，如下面的咨询对话——

交流摘要
JIAOLIUZHAIYAO

赵梓烨：老师，班里很多同学看不起我。

老师：很多？你能具体说清是那几位同学吗？（澄清）

赵梓烨：三五个吧。

老师：你是不是很害怕他人看不起你？（澄清是否是心理投射）

赵梓烨：老师，你不怕他人看不起你吗？（回避）

老师：像你这个年龄时，我也曾经怕被人看不起。（共情）

赵梓烨：你是不是功成名就后，就不怕了？（默认）

老师：不是。当我发现被人看不起没有什么可怕的，也就不再在意这个问题了。

赵梓烨：如果学习、为人不如他人，人家凭什么看得起你？（否认）

老师：我发现成绩好的同学，他们的意识中心就是学习，无暇顾及贬低谁，或抬举谁；威信是建立在他人利益的基础上，威信高的同学一般是利益他人的人，不会看不起人的；各方面不如我的人，没有理由看不起我。

赵梓烨：可还是存在受人尊重与否的事实。（推诿）

老师：被人尊重与否，在于我的言行留给他人的印象，怨不得他人。

赵梓烨：但有些人心胸狭窄，即便你做得再好，他也容不下你。（投射）

老师：心胸狭隘的人容不下他人，也会容不下自己，并时常会因他人过失，或因他人的误解而自我烦恼。对他人的恶意中伤，一是品质问题；二是自我烦恼的宣泄。

赵梓烨：你遇到这样的人怎么办？

老师：同情他，关心他，帮助他，感化他。若无法改变他，就远离他。

赵梓烨：你就不怨恨他吗？

老师：若怨恨他，他就更容不下我了，甚至还会遭到他的攻击。

赵梓烨：你说的也是，但我做不到。

老师：你遇到这样的人怎么办？

赵梓烨：很想纠正他的看法，有时也找他评说，让他改变对我的印象。

老师：这样做的效果怎么样？

赵梓烨：压抑自己不去理他，感到很委屈；找他辩解，经常遭到反驳。

老师站了起来，指着自己的影子，问道：在环境条件不变的情况下，我怎样改变影子的形态？

赵梓烨：只有改变自身的姿态。

老师：影子好比是你给他人留下的印象，若想改变在他人心中的印象，你是否做过类似于直接去改变影子的事。

赵梓烨：嘿嘿，做过不少这样的事。

老师：这是个机械的比喻。事实上，改变自己的同时，也改变了他人。

赵梓烨：老师，我已经给他人留下了不好的印象，该怎么办呢？

老师：两个以上的影子重叠在一起是什么样子？

赵梓烨：不成什么样子。

老师：在你的心中老想着一件事情吗？

赵梓烨：不是的。

老师：我们的心通常是顾此失彼，想这件事就把另一件事放下。即便把多件事联系起来想，也只能把这些事情排成一个序列来思维。何况心中某件事情被其他事情取代后，这件事情就会被淡忘。只要你没有很深地伤害过他人，他人是不会整日把你放在心上的。自己能改变的不是过去，而是现在和未来。

过程旁白
GUOCHENGPANGBAI

自我认知与现实不符，是心理投射的重要特征。可利用"澄清"的方式，使其实现客观认知。

心理投射的另一个特点就是，通过对外在事物或他人言行的反复观察或了解，试图让他人或自我认可内在担心或恐惧。

心理投射产生的原因在于内心的担心或恐惧，解决心理投射的负面作用，首先要通过其认知的改变，重新认识自我内心担心或恐惧的实质。当自我认识到内在担心或恐惧是多余的，自然会慢慢消除心理投射。

被人看不起有时是客观存在的事情，当我察觉到被人看不起，通常内心的不悦油然而生，很少去关注看不起人的人的心态。既要觉察自己被人看不起的原因，又要了解看不起人的人的心理状态，才能达到相互的谅解。

他人看不起自己，这是他人的事情，要求他人改变其观点，并非良策。说服被看不起的人，改变其心态也非易事。

在本案例中，该生具有心理投射的基本特征。老师运用形象的比喻分析其心理原理，启发学生认识在他人心中印象的形成过程，化解其心结。但尚需一段时间的心理训练，才能改变其心理习惯。

延伸分析 YANSHENFENXI

赢得他人尊重是正常的心理需求。过于重视在他人心中的印象，害怕被他人看不起，这是青少年常见的心理问题。有这类问题的同学，遇事易发生预期性焦虑，事后悔恨自责，或埋怨不被理解的现象。若感到被人看不起，为了维持心理平衡归咎于他人，更难摆脱由此带来的烦恼与困惑。

教育启示 JIAOYUQISHI

通常认为，心理投射是个体将自己内在的好恶、思想、态度、愿望、情绪等，影射（或说转移）到外在的人、事或物上的心理现象。教育者通过学生的心理投射，了解其内心世界，方可及时帮助他们走出心理困境。同时，教育者也要防止自身的心理投射影响对事物的客观判断，避免引起不必要的误解。

第十一节　将需求欲望升华为追求境界

心理导读：通过学生对社会、未来的了解，使社会的需求内化为自我的心理需要。在生活、安全、社交、尊重等都带有私欲的需要基础上，升华为无私的担当社会职责的、实现自我价值的需要。

回味生活
HUIWEISHENGHUO

在我们的家乡，20 世纪中期还流传着一个风俗，你若在孩子的奶奶面前夸奖孩子长得漂亮，当你转身离开后，这个奶奶会朝地下吐三口唾沫，并朝着孩子连着说三声："丑！丑！丑！"老人们并不认同他人夸自己的后代长得漂亮，也不认同夸自己的后代懂事或有出息。但他们望子成龙、望女成凤之心，却从未放弃过。我曾不解地问过一位老奶奶，她告诉我："孩子还小，夸他是害他。等他大了，做大好事，他才担得起夸呀。"

他们既需要后代光宗耀祖，又不允许人夸奖其后代，这看似是个很矛盾的事情，却也蕴含着一定的教育哲理。老人们的观点很朴素，希望孩子长大后拥有美好未来。相较于现在天天盯着孩子成绩，以孩子的当下成绩为荣者，老人们的教育观更胜一筹。

基本常识
JIBENCHANGSHI

美国心理学家马斯洛曾把人类的内在需求，分为基本生活的需要、安全的需要、社交上的需要、被尊重的需要、自我实现的需要五个层次。需要是人的行为动机或欲望产生的基础，而幸福感往往建立在某些欲望得到满足的基础上。

这五个层次具有依次出现的相关性，但并非是由低到高依次而有。五个层次之间相互关联、相互转化，并且各个层次需要的形成，不仅与环境、生理、家境、经历等客观因素有关，还与个体的信仰、民俗、学识、教养等主观因素有关。所以，即便在相同的境遇下，人们的幸福感也存在差异。

访谈案例
FANGTANANLI

　　身高一米八、体格健壮的帅哥孙呈峰同学，父亲是某企业经理，母亲是三甲医院的医生，家庭条件优越。他的学习成绩更是令人羡慕，在进入高中后的历次考试中，多次是级部第一，最差名次也是级部第三名。但他与学校心理老师的下列对话，让人感到意外。

交流摘要
JIAOLIUZHAIYAO

　　孙呈峰：老师，闲暇之时，我时常闷闷不乐，郁郁寡欢，没有幸福感。

　　老师：自己清楚没有幸福感的原因吗？

　　孙呈峰：不清楚。

　　老师：你受到过什么挫折吗？

　　孙呈峰：没有，可以说我自小到大一切都一帆风顺。

　　老师：你是不是感到有些事情不想干也得干呀？

　　孙呈峰：没有，我对学习很有兴趣，再说我也很乐意承担一些班级中或家里的事务。

　　老师：你有没有自尊心受到过伤害的经历？

　　孙呈峰：没有。

　　老师：是否压抑自己的一些想法？或期待某种事发生但没有发生？

　　孙呈峰：我的精力几乎都在学习上，心地很单纯，不存在您说的问题。

　　老师：你学习的目的是什么？

　　孙呈峰：能考上清华大学。

　　老师：担心自己学习的目的能否达到吗？

　　孙呈峰：我的成绩基本稳定，对此没有什么担心。

老师：你对学习或生活有没有更高的要求或期望？

孙呈峰：我在生活上很知足，学习上我对自己的要求一直很高。

老师：你想过考上清华大学后，会有怎样的追求吗？

孙呈峰：老师，您问的这个问题我很少去想，也没有明确的答案。

老师：你对未来的职业思考过吗？

孙呈峰：希望自己将来从事科研工作。

老师：你知道科研工作者需要具备怎样的素质吗？

孙呈峰：不是很清楚。

老师：你利用学习的闲暇时间，读读一些科学家的传记好吗？

孙呈峰：可以。

老师：从科学家身上，看看你还缺少什么？下次你来时谈谈你的感想。

孙呈峰：好的。

第二次来访时，孙呈峰同学面带笑容，侃侃而谈：学习是为了追求真理，科研更是为了探索真理，为人类物质文明和精神文明的发展做出贡献。过去我认为这些都是口号，现在感到这正是我缺少的精神。

过程旁白
GUOCHENGPANGBAI

现在的中学生衣食无忧，并享有种类繁多的图书报刊、发达的媒体信息网络，以及发达的交通运输。他们学习、生活条件优越，见多识广，可许多学生却并没有幸福感，这是许多年长之人所不能理解的。

没有强烈的心理需要，就难以有渴望实现的愿望，没有渴望实现的愿望得到满足，也就没有深刻的幸福感。当然，如果一个人没有心理需求，或者所有需求都能轻易得到满足，也不会较强的幸福感。

青少年的心理需要并不局限在优越的生活条件，也不局限在一帆风顺的自我成长。从马斯洛的需求层次看，他们还有更多、更广泛的心理需要。

诱发该生有更高的心理需要，树立更为远大的人生追求目标，当他经过努力向目标靠近一步，幸福感就会增大一分。同时，人生的追求还会将内心的空虚感转化为幸福感。

延伸分析 YANSHENFENXI

欲望，往往是导致使人们是否幸福的关键因素。有人说"当你的欲望越少，你就越接近幸福"，可是上面的案例却告诉我们，事实也并非如此。当今青少年关于生活、安全、社交、尊重的需要经常得到满足，这些需要逐渐被他漠然视之，故此心理欲望被淡化，而导致幸福感下降。

教育启示 JIAOYUQISHI

有人提倡通过挫折教育激发人的欲望。诸如通过设置学习、工作和生活中的障碍，或野外训练、体力劳动、与贫穷的人群结对子等方式，在比较中感受幸福，这些活动无可非议。但不可忽视心理内在需要的升华，亦即通过学生对社会、未来的了解，使社会的需求内化为自我的心理需要。

在生活、安全、社交、尊重等带有私欲的需要基础上，升华为无私的担当社会职责的、实现自我价值的需要。因此，现代教育必须重视学习的意义与价值的教育，培养学生的人生价值观，激发自我实现的内在心理需要，做社会的栋梁之材。这也是消除学生空虚感，提高学生幸福感的重要侧面。

第十二节　如何减轻追求完美带来的焦躁

心理导读：追求完美无可非议，但由此产生焦躁情绪必须关注。

回味生活
HUIWEISHENGHUO

很少有人说断臂的维纳斯不美。可是，我从艺术品商店里高高兴兴买回一个水晶华表，女儿看了看后说上面有个瑕疵。从这时起，我每当看到这个水晶华表，首先注意到的就是那个瑕疵，为当初买时没有仔细观察而耿耿于怀。

转眼十几年过去了，被我放在博古架上的这个水晶华表，却没有一个人提到上面的这个瑕疵。甚至来我家的朋友们，也很少关注我家博古架上摆放着什么。可是，这些年来我对水晶华表上的瑕疵却从来没有忘记。

基本常识
JIBENCHANGSHI

顾客选购商品时，经常因发现某个商品存有瑕疵（不论该瑕疵是否影响商品的性能或美观）而打消购买愿望，或成为顾客向商家砍价的理由使商品贬值。这也即"人具有保持事物整体性的倾向"，或者说对事物完美性的追求。并且这种倾向或追求似乎与生俱来，几乎每个人心中都存有完美性原则。

客观与主观上的差异性常常违背完美性原则，使人们不得不从心理上承认不完美才是真正的人生。例如，在人际交往中，若因发现某个人的某个缺点而远离他（她），或者因此贬低他（她）在心目中的形象，那么完美性原则就成为人际交往的障碍。人们面对他人或面对自己，只能接受"人无完人"的现实，否则，他（她）就是孤独的、寂寞的、消沉的人。

访谈案例
FANGTANANLI

毕玉琴同学为人善良、做事认真、富有同情心，心中却有说不清的孤独感，躁郁时就拿父母撒气，父母有一点小错误也要逼父母认错。在高一下学期，因躁郁情绪加重，导致与同学及任课教师关系紧张，在班主任的推荐下，她找到许老师做心理与学习辅导。

交流摘要
JIAOLIUZHAIYAO

毕玉琴来到许老师的办公室，许老师要她把需要帮助解决的问题写在白板上，她的字写得工整有力。但许老师发现她把某个字擦掉重写，便问道：这个字没有写错，为何把这个字擦掉重写？

毕玉琴：这个字写得不好。

老师：你经常因某件事情不完美而懊恼吗？

毕玉琴：嗯，我习惯于对自己吹毛求疵。

老师：追求完美没有错。就怕在观察事物时先看其是否有缺点。

毕玉琴：这有什么不对？

老师：没什么不对，但你可能会因此得到更多负面认知。

毕玉琴：也许吧。我总想发现事情的不足，也好使自己做得更完美。

老师：这也没有错。只怕你发现不足后极力弥补不足，而不能顾全大局，或者因不能弥补不足而产生内疚情绪。

毕玉琴：我就是经常理智战胜不了情感，可这也是没办法的事呀。

老师：当不能改变事物的缺憾时，为何不去改变自我心态？

毕玉琴：问题就摆在那儿，改变心态不过是掩耳盗铃。

老师：如果能弥补缺憾，那是再好不过的事情。可是不能弥补时，何必耿耿于怀、闷闷不乐。你知道这个习惯会导致什么样的结果吗？

毕玉琴：痛苦。看什么都不顺眼，做啥事都不顺心。

老师：你经常看到事物缺点，应该清楚"金无足赤，人无完人"。也就更没有必要和自己过不去。

毕玉琴：这一点我也清楚，也试图说服自己，可基本上没有效果。

老师：你可以改变观察与认知习惯，先看事物好的一面，让正面认知先入为主。做事尽力而为，接纳或包容他人和自己的缺点。

过程旁白
GUOCHENGPANGBAI

追求完美的习惯有时属于潜意识层面，也即不自觉地强迫自己盯着不足之处，试图弥补不足或说服自己不在意缺憾。往往意识上承认这点缺憾没什么，可感情上却难以接受，使自己处于欲罢不能的境地，导致内心的自责、内疚、悔恨、牢骚、埋怨。

追求完美的人习惯于观察事物不足的地方，容易得到负面认知而产生负面情绪。例如，预期焦虑者大多具有强烈追求完美的倾向，事前他们往往假定各种糟糕的情况出现，并预先想好应对措施或方案。特别是，当未知因素过多或找不到好的预案时，焦虑情绪随之而来。

延伸分析
YANSHENFENXI

该生在老师的指导下，按照老师的要求观察与分析具体事物，经过近三个月的努力，心理习惯与心境逐步得到了改善。并体会到在接纳或包容的基础上，既不影响大局，还容易改变缺点完善自我。

做到接纳或包容他人或自己的缺点，首先养成从整体或者说大局看问题的习惯，加强整体意识或大局意识。认识到人生就是修正自我的过程，某个阶段性的问题就可能被大而化之。或扩大事物所处环境的范围，也就是改变"只见树木不见森林"的认知，事物的缺点会变得微不足道。

教育启示
JIAOYUQISHI

　　追求完美是人们的天性，但包容心的养成在于后天教育。许多家长在幼儿教育期，望子成龙心切，不容忍孩子的缺点，甚至是采用惩罚促其完善不足，这极易使孩子养成过度追求完美的习惯。当然，家长过度地表扬孩子，也会使孩子为了获得表扬，养成过度追求完美的习惯。家长在孩子幼儿期，能否在包容的基础上适度表扬或惩罚，对孩子的成长极为重要。

第三章　教育心理

第一节　不可或缺的"死亡教育"

心理导读：天有不测风云，人有旦夕祸福。特别是青少年，当他们面对身边所熟悉之人的死亡时，易产生不良情感认知，严重的会形成心理障碍。

回味生活
HUIWEISHENGHUO

我们小的时候，在母亲面前从不敢说"死"字，她认为这是最不吉利的字。虽然母亲平常不允许我们说"死"字，但是如果村里有人去世，她不仅允许我们说这个人死了，还要我们去看出殡的仪式。同时，她还借此告诉我们，人死之后，家人应如何面对变故。并非常隐晦地告诉我们，如果他们将来有了这一天，我们该如何去做，如何面对生活。现在想来，那时母亲的所作所为，就是给我们有关死亡的启蒙教育。

我的儿女都已成年，参加的唯一葬礼是我父亲的葬礼。当 87 岁的父亲不慎摔倒，导致股骨头骨折，医生明确地告知我们，卧床半年死亡率是90%，我们几乎没人相信这个结果，更不接受可能发生的事实，我也没有和家人谈及死亡的话题。直到父亲能起床挪步行走，在第二次摔倒后，偶尔出现神志不清，我才开始接受父亲即将离世的事实，并开始向我的儿女进行死亡教育。在我父亲弥留之际，两个孩子清楚爷爷不久离世，非常珍惜和爷爷相处的时刻。我父亲算得上死而无憾，对于我们来说尽管万分悲痛，却少了几分愧疚之感。

💕 基本常识
JIBENCHANGSHI

在紧张忙碌的工作、学习、生活中，人们极少思考生与死的问题。突如其来的丧亲之痛，让人悲痛欲绝、刻骨铭心，甚至使人萎靡不振。人非草木，孰能无情，面对如此丧亲之痛，也是正常的心理反应。但是，生老病死是不可抗拒的自然规律，人若长时间沉溺于丧亲之痛，这样的心态就超出正常范围了。

面对亲人或熟悉的人离世，成年人都会产生强烈的情感变化，何况是涉世尚浅的青少年。青少年遭遇此类事件，不只是痛苦，很可能引起他们对人生的深度思考，以及对人间情感的反思。特别是当家庭遭遇丧亲之痛时，家长若因自我陷入痛苦之中，从而忽视对青少年的心理疏导，也可能导致他们在痛苦与迷茫之中难以自拔。

💕 访谈案例
FANGTANANLI

张汝贤同学自祖父去世后，变得少言寡语，闷闷不乐。特别是对父母的态度变得异常冷漠，时常对父母的言行横眉竖眼。他放学回家后，父母大气不敢喘，生怕引起他的反感。无奈之下，他的母亲打电话求助班主任，希望能帮着做他的思想工作。

班主任接完家长的电话，把张汝贤同学叫到办公室，进行劝慰。

交流摘要
JIAOLIUZHAIYAO

老师：你爷爷去世快三个月了吧？希望你能尽快从悲伤中走出来。

张汝贤：我也希望自己尽快走出悲伤，但爷爷的音容笑貌时常浮现在眼前。

老师：我非常理解你的心情。走出悲伤不是忘记什么，而是在你记起时不再悲伤。

张汝贤：老师，这是不可能的。父母工作忙，我是在爷爷和奶奶的照顾下长大的。爷爷突然离去，我很难接受这个事实。

老师：人死不能复生，你应该化悲痛为力量，更好地学习和生活。

张汝贤：人走茶凉，这个世界让人寒心，还谈什么更好地生活。

老师：你的父母、奶奶不是还一直关爱着你吗？

张汝贤：他们的关爱？虚伪！

张汝贤同学的回答，让老师震惊。老师试探着问道：你爷爷去世后，发生了什么？能告诉老师吗？

张汝贤：老师，请原谅。我实在没有什么想说的了。

老师：生老病死是自然规律。活着的人更应该珍惜生命，快乐地生活。

没想到老师的话触怒了张汝贤，只见他怒目圆睁，愤愤地说道：人是感情动物，我最亲的爷爷死了，我还能快乐，我还是人吗？

从张汝贤的表情，老师预感到了问题所在，反问道：你爷爷生前希望你活得快乐还是悲伤？

张汝贤：爷爷生前就怕我不愉快，每当我悲伤时，爷爷想尽一切办法让我快乐。

老师：如果你爷爷在天有灵，看到你现在的样子，他能安心吗？

老师的连续反问，压制住了张汝贤狂躁的情绪，深思片刻后，喃喃地说：老师，难道说我错了吗？

老师：对离世亲人的告慰不一定是悲伤。

张汝贤：我可能误解了爸爸、妈妈和奶奶。

老师：能把产生误解的事情告诉老师吗？老师知道了才好帮你呀。

张汝贤犹豫了一下，说出了事情的经过。

原来他爷爷的葬礼是回农村老家举行的。举行完葬礼后，爸爸为乡里乡亲们举办答谢酒宴。在办理酒宴期间，爸爸、妈妈和奶奶很平静，也没有表现出悲伤。他感到非常不理解，认为爷爷刚刚入土，他们就开始淡忘。

回到城里后，爸爸他们很少提及爷爷的过去，各自忙碌着自己的事情。陷入悲哀中的他，更加不理解，甚至不能接受他们如此的态度。以至于怀疑他们对爷爷生前种种的好都是虚伪的，人间没有真情在。

老师听完张汝贤的陈述，颇有感慨地说：你还是个孩子，你实在是误解他们了。他们能够把悲伤压在心底，做该做的事情。而你倒好，只知悲伤，忘记了你爷爷对亲人的厚望。

张汝贤：老师，你们中年人的感情真的藏得很深吗？

老师：你爸爸对你爷爷的思念绝不亚于你。你回家后，把你对他们的误解告诉你爸爸，并多宽慰你爸爸。

张汝贤：谢谢老师。我开始明白了，我只有快乐地生活，好好学习，满足爷爷的遗愿，才是对爷爷最好的告慰。

两天后，张汝贤再见到老师时，眼含热泪地说：老师，爸爸让我看了他最近的日记。如您所说，爸爸非常悲伤。我不仅对不住爷爷，还在爸爸受伤的心上撒盐。

过程旁白
GUOCHENGPANGBAI

因为亲人去世，痛苦是正常的。正是因为认为正常，才缺乏对青少年遭遇此事后的关注，忽视对青少年心理带来的影响。

强刺激建立起的优势兴奋灶，会阻碍新优势兴奋灶的形成，以致使其难以从悲伤中走出。持续的负面情绪超过一周，这已属于心理异常。若是另有隐情，那无异于雪上加霜。

该生的认知、心态与行为超出正常的反应，正常的思想开导也难以奏效。在这种情况下，家长按常规的方法安慰、劝说，不仅不起效果，还有可能引起负面情绪。解铃还须系铃人，老师还得从他爷爷谈起。

从该生的陈述可以看出，该生与爷爷的感情深厚，对爷爷的丧事格外看重。家长在给他爷爷办理丧事时，缺乏与孩子的沟通。

特别是，该生对丧礼的习俗不了解，生死观更是尚未形成，他误解父母的行为也在情理之中。如果家长在他爷爷的丧礼过程中，关注到孩子对爷爷的情感，介绍一下农村关于丧礼的习俗，并征求一下孩子的意见，嘱咐孩子在爷爷丧礼过程中他应注意的事项，或许也就不会给孩子带来误解。

面对孩子当前的心境，老师还得和家长做有效的沟通，有利于让孩子走出不良心境。

延伸分析
YANSHENFENXI

从上面的案例可以看出，成年人能够控制感情，带着悲伤投入到紧张的工作和生活中。成年人的这种成熟与坚强，在充满悲伤的青少年眼中，却变成了情感淡薄，甚至是冷漠无情。

天有不测风云，人有旦夕祸福。特别是青少年，若缺失有关生死的教育，当他们面对身边所熟悉的人突然暴病或意外死亡时，内心会感到深深的无助和恐惧，有的还会产生不良的情感或认知，严重的会形成心理障碍。遇到这种情况，家长、老师应及时加以引导，让学生以正确的态度面对人生的生老病死。

教育启示
JIAOYUQISHI

面对生离死别，不同的心理往往会产生不同的结果，直接影响人生最后一段路程的质量。但是，在现代学校教育中，有关死亡教育的知识少之又少，许多家庭也很少涉及这方面的教育。这并不能说明"死亡教育"并不重要，也不能说明青少年掌握了这方面的常识。

青少年在未亲身经历生离死别的痛苦之前，他们可能从小说、媒体、动物死亡、他人讲述等渠道，获得关于死亡的零散的、不全面的信息。因此，许多青少年对生死的认识是片面的、支离破碎的。这不仅可能导致他们面对人的死亡的困惑，或因亲人死亡的强刺激而造成心理创伤。"死亡教育"的缺失，还直接影响青少年对生命价值和意义的认识，关系到青少年对生命的态度，以及青少年的人生观、价值观与世界观的形成。

在教育过程中，加强"死亡教育"，让青少年了解生老病死是自然规律，通过对死的认识，体悟生的可贵，树立爱护生命、珍惜生命的观念。加强"死亡教育"，让青少年认识生命的延续过程，感受个体生命与家庭及社会发展的关系，体悟当下幸福生活与先辈付出的关系，培养青少年的感恩之心。

利用课堂、医院、葬礼、祭祖、扫墓等多种媒介，进行"死亡教育"，让青少年认识生命的历程、人生的短暂、生命的脆弱，树立珍惜青春、珍惜时间、珍惜亲情、爱护生命的观念，更好地规划人生。通过正面的"死亡教育"，消除青少年对死亡的困惑，破除他们不正当的生死观，防止有关生死的迷信给他们的成长带来不良影响，帮助他们树立科学的人生观。

第二节 失去自我的学生

心理导读：若找不到属于自己的意识，生活将会失去应有的意义。只有焕发出自身的光芒，才能驱走内心的黑夜、寒冷和孤寂。

回味生活
HUIWEISHENGHUO

在儿童时期，许多儿童会质疑自己是从哪儿来的，这说明朦胧的自主意识已经形成。随着儿童年龄的增长，儿童关注的是现实生活中的人与事，很少会质疑与现实生活无关的事物。但是，像"生从何来，死往何处""人生的意义是什么"等问题，依然存在于他们的潜意识之中，是人类不可回避的问题，也是宗教信仰、封建迷信产生的基础。未成年人如若自我追究这类没有终极答案的问题，可能陷入疑惑之中，甚至出现所谓的存在性心理危机。

基本常识
JIBENCHANGSHI

在未成年人的教育过程中，无论是家长还是教师回答没有明确答案的问题，也是勉为其难。家长可以含糊其词地向儿童回答这类问题，儿童还可以信以为真，但是随着他们年龄的增长，他们会开始质疑家长的回答。

常言道：耳听为虚，眼见为实。未成年人会从自己的实践体验中，判断他们从成年人那里获得的所质疑问题的答案。我们的教育如果忽视青少年对所学知识的自我体验，教育就难以达到理想的效果。

访谈案例
FANGTANANLI

高二（4）班的班主任带着一位面色憔悴、神情颓废的同学来到咨询室。

交流摘要
JIAOLIUZHAIYAO

班主任：许老师，陈晓同学最近萎靡不振，上课提不起精神，平日少言寡语。我和他谈过几次话，也不能改变他消沉的思想。动员他几次来找您，他都没有同意。今天经我好说歹说，他才同意来和您谈谈。

许老师：请坐。我也没有办法去改变谁的思想，只是喜欢交流、探讨问题。

班主任：许老师担任过25届学生的班主任，也是我的老师。陈晓有什么话都可以和许老师说，我还有课，你们谈吧。

许老师：能向我描述一下你最近的心态吗？

陈晓：心里空荡荡的，也说不上什么心态。

许老师：最想干点什么？

陈晓：最近饭都不想吃，别的更不想干了。

许老师：睡眠怎么样？

陈晓：很难入睡，睡着了也容易醒。

许老师：晚上躺下后，想些什么？

陈晓：没有去想什么，大脑如同在随意地放电影。

许老师：你有什么爱好吗？

陈晓：这两年没有什么爱好了。

许老师：过去曾有什么爱好呀？

陈晓：我从小就很内向，也是一个很听话的孩子，唯一爱好就是看书。

许老师：看过的书中，你对哪本书印象较深？

陈晓：没有对哪本书印象深。

许老师：是不是懒得回忆呀？

陈晓轻轻地点头代替语言回答。与此同时，许老师判断他可能处在抑郁情绪之中，于是，起身给他倒了一杯水放在他的面前。

陈晓：谢谢。老师不要再为我浪费时间了，我想谁也不可能说服我。

许老师：我还没有去说服你，怎么就知道不能说服你呢？你能告诉我不能说服你的理由吗？

陈晓：很多人都劝过我，我也知道大家说的都对，但这改变不了我的观念。

许老师：你能把你的观念告诉我吗？

陈晓：人活着只不过是满足一个欲望后，再去追求新的欲望，而且这些欲望也不是自己的，活着没有什么意义。

许老师：既然清楚这一点，你就应该去探究具有真实意义的人生呀。

陈晓：用不是自己的意识，怎能找到属于自己的真理。

许老师：你怎么知道意识不是自己的？

陈晓：人的意识不是与生俱来的，意识是周围的人结合我接触的事物，灌输的一个个观念组成的。您怎么能说意识是自己的？

许老师：你说的并非完全错误。但你说的"意识不是自己的""活着没有什么意义"的观念又是谁灌输的？

陈晓：这是我幡然醒悟后，自己形成的。

许老师：这是自己形成的，不就否定了"意识不是自己的"吗？

陈晓：这个否定也使我明白自己没有属于自我的意识。

许老师：你也同时因为这个否定，印证你也有属于自我的意识。

陈晓：您说的也有道理，但我还是感到生活在他人的意识中。

许老师：灌输给你的观念可能是若干代人实践经验的结晶，你是否想过是谁先形成的这些观念？又是怎样形成的？

陈晓一时语塞，沉默片刻后，陈晓说道：第一个形成某个观念的人早已死去，至于思考那个观念是怎么形成的只能是猜测，没有什么意义。

许老师：就像你形成"意识不是自己的"观念那样，自主地去认知未知领域内的事物或规律，如此体验多了，就可能明白灌输的也可以自主获得。可是人生短暂，有必要全部通过自我实践去获得吗？

陈晓：您是否说我在这方面的体验太少，才认为意识是他人灌输的？

许老师：这个问题还得你自己来回答，免得以为我把观念强加于你。

陈晓：只怕我又是用他人灌输的意识，回答您提出的问题。

许老师：在我看来，你能有这样的质疑，不应该消沉。

陈晓：为什么？

许老师：因为你在探讨一个哲学的基本问题——人类的意识从何而来？

陈晓：我没学过哲学，但知道这是个没有答案的问题。

许老师：为什么这样说？

陈晓：在意识中寻找意识的起源，不就像在眼中看到的对象中寻找眼睛吗？

许老师：是呀。眼睛不会看到自身的，但眼睛能体验到自身的存在。

陈晓：我似乎感到您总在强调体验。

许老师见他开始怀疑自己的观点，让他从谈话中归纳出需要探究的问题后，终止了咨询。并希望他回去反思后，下次来访再做交流和探讨。

过程旁白
GUOCHENGPANGBAI

当学生进入低沉状态，常规的说教有时很难奏效。遇到这种情况，唯有遵循因材施教的原则，教育者通过改变自己以达到帮助学生的目的。

但是，不论是教育者还是受教育者，若想改变被自己强化无数次的观念，都不是很容易做到的。在这种情况下，如果双方都难以改变自己使对方获得启发，也就难以达到教育的目的。如此下去，双方都会对对方失去信心，甚至难以接受对方。

人若长期难以摆脱抑郁情绪的困扰，不只是对他人的帮助失去信心，而且对自己的努力也可能失去信心。因此，预防抑郁情绪的出现显得尤为重要。

从该生陈述来看，他虽处在消沉状态，但还能与人正常交流，属于轻度抑郁。造成此状态的原因，是他陷入自我认知的迷茫，呈现出"强迫性穷思竭虑"的特征。

根据该生的情况，可尝试通过改变他的认知来影响其情绪发生变化，也就是采用所谓的认知疗法。但是，倘若他人对其认识的否定与他的认知和体验不符，很难让他感到满意，只有引导他通过自我认知和体验，否定自己的疑虑，慢慢走出自我"强迫性穷思竭虑"的困境，或者帮助其搁置下思虑的问题。

在本案例中，该生由于长期处于被动学习状态，缺乏对生活的自我体验，造成从欲望与行为被人绑架感，演化出"意识不是自己的"的观念与感受，进而陷入"强迫性穷思竭虑"状态。当他左思右想不能从问题中解脱出来时，就会产生对生活的厌倦，并放弃了应有的欲望，进入一种"无欲"状态，致使他失去了人生的追求，以及应有的乐趣，表现为不思进取、无所事事，这可谓是"无欲则废"。但是，该生因何形成"意识不是自己的"的观念与感受，值得我们深深地思考。

延伸分析
YANSHENFENXI

　　知识的一个重要内涵就是，知识是人类实践经验的结晶。在知识的传授过程中，如果忽视学习者对知识的经历和体验，也就丢失了知识的这一重要的内涵。这也是致使陈晓同学迷茫与困惑的重要原因。

　　因此，现代教育心理理论强调教师在教学过程中，重视学生知识的形成过程，反对填鸭式的教育；强调学生的自主学习，体现课堂中学生的主体作用；加强学生间的合作探究，提倡研究性学习，培养创新意识。这些教育理念，体现出获取知识离不开学习者的切身经历与体验。通过陈晓同学第二次来访的下列对话，或许让老师、家长更加明确贯彻现代教育心理理论的必要性。

交流摘要
JIAOLIUZHAIYAO

　　许老师：反思过上次来访留给你的问题吗？

　　陈晓：反思了。我之所以有那样的心态可能与以往的学习观念有关。

　　许老师：能具体地谈谈你的学习观念吗？

　　陈晓：自小父母要求很严，我养成了言听计从的习惯，在上初中时忽然感到自己活在他人的世界里。

　　许老师：你就没有自主地干过什么事情吗？

　　陈晓：在上初中前，我自己想干的事情，必须经过父母或老师同意，不符合他们意愿的就不允许我干，后来感到我的欲望只能是他们的欲望。

　　许老师：你有没有怀疑过老师或家长说的是否正确？

　　陈晓：怀疑过。可每次怀疑，最后都会被证实是错的。按照老师或家长说的去学、去做就不会错，成绩也很好。

许老师：老师和家长是否经常表扬你是听话的好孩子？

陈晓：是的。他们还经常说只要听话，按要求做，一定差不了。

许老师：事实也证明他们说的对。

陈晓：是的。这就使我更加感受到意识不是自己的，是被人灌输的，思维、言行有种被人绑架、控制的感觉。

许老师：当发现自己的意识是被人灌输的，你有没有反抗过？

陈晓：也想反抗他人的灌输，寻找自己的意识。可发现这像在他人的东西里找自己的东西，找出来的还是他人的。

许老师：你有过不被老师或家长认同的欲望吗？

陈晓：在我没有感受到意识不是自己的以前，也有过这样的逆反心理，但想到要听父母与老师的话，也就压抑住逆反欲望。后来感到活着就是追逐他人灌输的欲望，也就开始厌恶所有的欲望了。

许老师：现在还认为意识不是自己的吗？

陈晓：认识和研究未知领域内的事物或规律，自己通过实践获得认知，能否定我的意识是他人灌输的。但我现在还是感觉意识不是自己的。

许老师：反思过被灌输的也可以通过自我实践获得吗？

陈晓：我承认被灌输的是前人从实践中得来的，也可以通过实践去自主地获取。可是自小被动地接受这个叫什么，那个是什么，这事怎么做，那事如何做。我若做不好或做错了，他人就修正我的思维，纠正我的做法。这与计算机又有何区别？大脑整日被动地接受他人灌输的东西，按照他人预设的程序思考、做事。在我的感觉中，虽然承认灌输的可以转化成自我的，但也很难摆脱"意识不属于自己"的感觉。

许老师：你在学习中，是否缺乏情绪体验？如欢喜、厌恶、紧张等。

陈晓：在小学时经常有各种情绪体验。如没有完成作业就紧张，得到老师表扬就欢喜等。自上初中后，认为在为别人学习，如同在完成自己的义务，情绪体验越来越少了，总感觉不是为了自己活着。

许老师：不是为了自己活着的感觉也并非错误。你有没有想过为他人灌输快乐和幸福，使他人避免出现你的心态？

陈晓：我自己还没走出困境，哪有能力做您说的事情。

许老师：你认识到他人灌输的可以内化为自己的意识，抑郁情绪就会慢慢地消失。我在网上加入了一个抑郁者QQ群，群主曾是一个抑郁症患者，建立这个群的目的，就是把如何摆脱抑郁情绪的经验传授给患有抑郁的网友。一方面激励自己；另一方面帮助他人战胜抑郁。

陈晓：这样做有效果吗？

许老师：群主已经痊愈，网友也由此得到激励。他们在交流中相互开导，相互启发，共同探讨人生价值，让生命充满阳光。你回去想想有什么方法可以使自己尽快走出困境，把自己的体验总结出来，传授给与你有类似观念或感受的人。这不仅可以使你进一步认识人类意识的内涵，还可以体验到自己人生的价值，做一个阳光的使者，照亮自己的同时也照亮他人。

陈晓：谢谢您，我试试能否改变自己的心态。希望老师继续关注我，支持我。

过程旁白
GUOCHENGPANGBAI

每个人都是相对独立的个体，教育者不可能像操纵电脑那样，让受教育者无条件地接受输入或服从指令。当然，当儿童在没有出现自我意识前，他们可能会对成年人的说教信以为真，并努力去做听话的好孩子。

在教育过程中，如果教育者忽视孩子的成长是个渐渐走向独立、逐步与父母分离的过程，总把他们当成不懂事的孩子，势必造成教育与个体成长的矛盾。

按照马斯洛的观点，随着孩子年龄的增长，他们内心对尊重的需求、对自我实现的需求也在日益增强。如果这些需求得不到满足，他们会因为难以体验到自我的存在感、价值感与独立感等，从而感受不到自主感、平等感、自豪感和幸福感等。与此同时，孩子容易产生被控制感、压抑感、空虚感、失落感、茫然感、苦闷感等不良感受。

帮助该生走出心理困境，还得需要其发挥主观能动性，从积极体验生活、主动获取知识做起。培养善于发现问题、分析问题和解决问题的能力，使自己获得正面的体验，激发学习与生活的情趣。

作为教育者应该创设学生自主学习、自主探究的环境气氛，提供学生体验独立学习与生活的平台。引导学生发现自我潜能，并帮助学生发挥出自我潜能，使其在独立生活与学习中找到自信，在知识学习与应用中体验到自我价值。

延伸分析
YANSHENFENXI

通过上述案例，可以看出陈晓的心理成长过程。在初中之前，他对客观事物的认知，主要借助于他人的"灌输"，自我认知也是在他人"灌输"的基础上进行的，这个阶段我们不妨称之为"心理哺乳期"。在这个时期的孩子，还可以接受成人对其"要听话、顺从乖巧"等要求。

进入初中后，家长或教师会发现，学生开始不情愿接受成人对其"要听话、顺从乖巧"等要求，甚至出现强烈的逆反现象，做一些与长辈要求相反的事情。这个时期，心理学上称之为"心理断乳期"。

孩子出现"心理断乳"的现象，许多是突发性的。例如，一夜醒来，突然要求有自己相对独立的空间，自己独立主宰的时间，在学习或日常活动中不愿意家长或他人干预，特别是反感父母的羁绊，而要求有自己独立自主的决定权。有的变化相对缓慢，从开始试探性地拒绝他人帮助或要求，慢慢地走向独立，使家长不知不觉地感到他（她）长大了。

孩子"心理断乳"首先是摆脱对家长的各种依赖，因此，他们的外部行为变化主要是表现在亲子关系上。在非家庭成员（如老师或同伴）面前，他们的外在行为变化大多表现的不是很明显，主要表现在有些事情不愿意他人知晓，不喜欢他人再把自己当孩童对待。

教育启示 JIAOYUQISHI

由于家庭环境和个性心理差异，处在"心理断乳期"的孩子，在家庭生活中，有的情绪变得焦躁，有的变得少言寡语，有的变得强词夺理，有的变得蛮横无理，有的干预家庭事务，有的对家长言行横加指责。孩子的这些变化都属于正常的"心理断乳期"反应，只是由于孩子"心理断乳"的突发性，使很多家长猝不及防、不知所措，误认为孩子受到某种打击，或认为孩子遇到了什么事情，引起了心理和行为发生异常。

"心理断乳"是未成年人从幼稚到成熟的转折，也是从依赖于成人的心理状态到独立判断、独立解决问题的蜕变。这是一个人的成人化、社会化过程。在这个时期，孩子内部心理急剧变化，自尊及他人尊重与自我实现的内部心理需求骤然提升。面对这种内在变化，有的孩子连自己都感到震惊，甚至怀疑自己出了心理问题，甚至出现发展性心理危机。有的孩子开始要求家长为自己提供独立的空间和时间，渴望有自己独立完成的事件，还需要他人尊重其独立人格，承认其独立能力。

在孩子的"心理断乳期"，如果他们的需求得不到满足，有的会表现出强烈的焦虑或抑郁情绪。这就要求家长正确对待、及时适应孩子的变化，避免出现不和谐的亲子关系。并对其加以引导，建立民主式的新型亲子关系，改变原先长幼式或从属式的亲子关系。

在这个"心理断乳期"，如果长辈不顾及孩子的感受，依然越俎代庖式地为他们做决定，事无巨细地为孩子着想，就会形成孩子心理内部需求与外部要求的矛盾，这就容易导致孩子不良心理状态的形成，乃至出现如上案例中的"心理断乳后遗症"。

第三节　直面死亡感悟人生

心理导读： 无歹不成"死"，但无歹，"生"失去希求，"死"即"生"之道。

回味生活
HUIWEISHENGHUO

某次，在微信群中，杨金玲博士见我们探讨家庭教育，她建议我看看电视剧《幸福一家人》。看后才明白，电视剧中的父亲在生命最后三个月，反思对三个孩子的教育，临终前所采取的一系列教育措施发人深省。我受电视剧启发，当某家长说为了孩子的学习，给他养成了饭来张口，衣来伸手的习惯时，我直言不讳地说道："假若当初想到父母即将永远离开孩子，您会怎么教育孩子？"这位家长脸色巨变，沉默片刻说道："许老师，您这话犹如醍醐灌顶。"

基本常识
JIBENCHANGSHI

人类最为困惑的问题莫过于"生从何来，死往何去"，这也是严肃的哲学和宗教问题。在人类历史上，因对此诠释的差异形成不同宗教信仰，也成为唯物主义与唯心主义、宗教与科学、科学与迷信争论的焦点之一。即便在物欲横流的时代，当人们面对疾病、挫折、打击，而失落、忧伤、悲哀、消沉之时，该问题会从无意识中脱缰而出，浮现于眼前，乃至成为改变心态的节点。因为在此命题中，蕴含着最现实的问题：吾将何为？

关于"生从何来，死往何去"到"吾将何为"的思索，其答案具有不唯一性或不确定性，导致人们形成不同的人生观、价值观、幸福观和世界观，并成为影响人们信仰、理想和信念的基本因素。这也是个体意识和人类文明发展的基点，教育的传承性又造成区域间文化的差异性。

在人类的繁衍过程中，"生"与"性"息息相关，唯神话故事中类似孙悟空的人物另当别论。故此，西方文化偏重于"性"的探究，最为典型的是弗洛伊德的泛性论，乃至认为"性"是人类行为的主要动力。而在东方文化中，"生"为阳，"死"为阴，如《易经》所言"一阴一阳之谓道"，"生"与"死"是辩证的统一；又如《全唐文》中所述"化之原者曰道，道之用者为德"，以此形成"道德"为核心的人生价值观。

访谈案例
FANGTANANLI

张子钦同学的父亲是政府公务员，母亲是位医生。尽管他家庭条件优越，但总感觉生活缺少点什么。特别是进入初中以后，每天除了认真完成学习任务外，他经常独自沉思，懒于交流，闷闷不乐。父母为此也常开导他，并经常带他外出旅游、出席交际场所、参加娱乐活动等，但他内向的性格没有改观。念及他学习成绩尚可，慢慢地也认同了他的个性。

张子钦同学进入高中以后，出现明显的躁郁情绪，时常早晨不愿起床，晚上难以入睡，不愿上学，只愿独自待在家中，对父母的话表示反感，顶撞父母。由于该生不愿出门，家长找我为其在网上进行数学学习指导。在我发现数学指导难以进行时，家长才告诉我，医院诊断他患有中度抑郁症，医生建议给他做心理辅导，并向我出具了医生的建议，之所以找我就是为了一举两得。

交流摘要
JIAOLIUZHAIYAO

老师：爸爸又要你和我交流学习的事情，心里愿意吗？

张子钦：没什么愿意不愿意的。您想到过自杀吗？

老师：想到过。那一晚上我写了几百个"死"字。

张子钦：那您为什么没有去死？

老师：我越写心越乱，把"死"字写成了"歹匕"，我忽然明白了。

张子钦：您明白了什么？

老师：死由"歹"与"匕"所构成，当"以匕伐歹"，让生活趋于完美。

张子钦：您这是颠倒生死。死是因"歹"是"匕"而结束了生命。

老师：正常死亡的确如你所说。可自杀却非因"歹"是"匕"而成死。

张子钦：自杀也是死，无"歹"谁会去死。

老师：我认为选择自杀，是希望把歹的东西割舍掉，让生活更完美，可又感到无能为力，才做出的无奈之举。没有谁想玉石俱焚的。

张子钦：是的。可好与歹混为一体难以剥离，在选择生与死上才纠结，越纠结越痛苦，更想一死了之。

老师：内心折磨比客观上的"歹"更让人难以忍受。

张子钦：所以自杀是最好的解脱，不然就在痛苦中挣扎。

老师：可想到父母的养育之恩，自杀会让父母、亲朋坠入痛苦中，自杀就成了最自私的行为。

张子钦：越这样想会越痛苦，还不如一死了之。

老师：可我还是幻想给自杀找个更恰当的理由，而试着一项项地剥离歹的东西，能否将其一一割除。

张子钦：您做到了吗？

老师：没有，但我知道了何为生。

张子钦：不解。

老师：若生活中没有"歹"，一切都是尽善尽美的，活着还有希望吗？

张子钦：我明白。您想说无"歹"不成"死"，可无"歹"生也就没有意义了，生活就是有好也有"歹"。可当无法战胜"歹"，见不到美好，生也失去了意义。

老师：是呀。我们因有美好的存在，又有"歹"的存在，才在选择生与死上纠结。可我们并不是因为"歹"占优势而去自杀的。

张子钦：您这话我又不理解了。

老师："歹"使我们不能生活，那是自然死亡而非自杀，自杀是在能活下去的前提下死亡。自杀取决于对好的希求破灭，而非客观上的"歹"。

张子钦：人若活在痛苦中，没有快乐可言，自杀并非不是好的选择。

老师：如果是极度的肉体痛苦，而又无法治疗病患，在许多国家允许安乐死，但这不是自杀。若痛苦是精神方面的则又另当别论。

张子钦：精神痛苦有时远大于肉体痛苦，要不然就不会有自残者。既然具有无法根治的极度肉体痛苦的人可以选择安乐死，为何具有无法排解的极度精神痛苦的人就不可以选择自杀呢？

过程旁白
GUOCHENGPANGBAI

从"死"的字形结构看，"死"由"歹"与"匕"所成，若诠释为歹与匕的关系，"死"即告诫。若肉体有痒，需医除；若心里有歹意，必须铲除。否则，病入膏肓或恶贯满盈，"歹"已成"匕"注定为

"死"。"死"告诫人们无论肉体还是心灵都要弃歹扬善，方可与"死"无缘。"死"字即是"生"之道。

内心越纠结，越抑郁或焦虑，直至内心混乱不堪，导致有自杀倾向者身心崩溃、精神恍惚，强化"一死了之"的念头，这是其难以自拔的怪圈。自杀者饱尝常人难以想象的心灵痛苦，以及决定自杀后常人难以理解的解脱感。当然因一时绝望、冲动、赌气或难以忍受肉体痛苦等自杀者另当别论。

现实中没有挫折，心理中没有创伤，这是不可想象的生活。快乐与痛苦是相对的，快乐即解除痛苦的过程，没有痛苦也就无快乐可言，亦即"生"也失去意义。人生就是发现问题和解决问题的过程，只有歹没有好或只有好没有歹的两极化生活，这都是不可能存在的生活。

某种意念被意识长时间强化的过程中，无意识会被动地接受，并且无意识的抵抗性也随之削弱，乃至被无意识默认，也即潜移默化。这时，人会对被自己合理化的意念深信不疑，所言所行也是发自内心、理所当然、不容置疑的，面对与意念相背的建议或劝解漠然置之。

延伸分析
YANSHENFENXI

自杀者在自杀意念不断强化的同时，关于"死"的自我暗示也会导致无意识慢慢接受，在心理上被合理化。这不仅能使本能的好生之德消失殆尽，甚至还会出现召唤自杀的幻听或幻视，自杀就可能成为人生的必经之路。这时的自杀者难以接受他人劝解，乃至常人看似平常的事也可能成为其自杀诱因。

交流摘要
JIAOLIUZHAIYAO

老师：你提出了个极为哲学的问题。人的肉体随着时间的延伸，生理机制具有从强健到衰老的过程，可精神是否也具备这个过程？

张子钦：安乐死是建立在尊重自然规律的基础上，安乐死需经法律程序鉴定。我承认自杀是违背自然规律，不会得到社会的认同。但是，活着没有什么价值和意义了，自杀不就是未老先衰吗？

老师：活着的价值和意义正是我们要探讨的主题。如孔子所言：未知生，焉知死？当然，包括了解精神痛苦的根源。

过程旁白
GUOCHENGPANGBAI

生死是人生最大的事，也是社会最关注的问题。不论是道德伦理，还是法律法规，生死之事均是其核心问题。

人生是个整体过程，关于生与死的意义，还需从人生的整体过程来认识。只顾生或只顾死，都是片面的。

延伸分析
YANSHENFENXI

不论家庭还是学校教育，往往都是谈"死"色变、谈"性"色变。但二者总归是心理现象发展变化的重要根源，人类文化形成的土壤，也是人性教育的基石。众多教育问题、心理问题的发生无不与之相关，若刻意回避这类问题，有可能使问题变得更糟糕。

若因回避错失对问题的深入探讨，就难以为学生提供有效指导，更不利于提高教育的有效性。心理学是从哲学中分离出来的学科，教育心理工作者面对人性问题，更应责无旁贷地从哲学的角度，引导学生探究人性的意义。

教育启示
JIAOYUQISHI

许多人在幼儿时期就会向长辈提问：我是从哪儿来的？因此，"生从何来，死往何去"及"吾将何为"，这是人类教育的出发点，也是教育的归宿处。如陶行知先生所说，教师是"千教万教，教人求真"，学生是"千学万学，学做真人"。不论家庭教育还是学校教育，其本质意义是传递生命的意义，让受教育者活出精彩人生。学习即探索宇宙真理与人生真谛。

改革开放后的中国，幸福指数下降的社会现象告诫人们，在完善社会法制的同时，教育必须要从育人抓起。培养正确的人生观，不仅是社会的需要，更是个人实现人生价值与建立幸福生活的需要。

只注重"授业""解惑"，不注重"传道"的教育，即便能使受教育者在学业上获得高分，但未必能成为具有宽阔胸怀与幸福人生的接世之才。明确人生的意义，确定人生的目标，修正错误的言行，激发出人生的恒久动力，为学生的终生发展负责，这是教育的职责。

正值花样年华的中学生，难免经受风雨的洗礼。来自主观与客观上的困惑，有时也让青少年难以自拔，甚至舍弃生命使自己得以解脱。近年来，关于中学生自杀事件时有报道，甚至在一年之中，每个人都可能听到所在县区这方面的传闻。人有好生之德，人们内心忌讳"死"字，甚至认为谈"死"不吉祥，因此尽可能避之。但作为教育或心理工作者，却难免要回答学生"生"的价值、"死"的意义之类的问题。关注青少年的身心健康，已不是落在教育者口头上或舆论上的问题，这需要教育工作者、心理工作者、舆论工作者深入到青少年的心中，理解与引导他们点亮心灯，驱散其心灵中的阴影。

第四节　善是人生的缘起与归宿

心理导读：不知心理疾病需要治疗，会形成可怕的教育盲区。

回味生活
HUIWEISHENGHUO

女儿从不恶言攻击他人，但她却常腻烦我。每当她见人恭维我，等人家走后，她会说："爸，那是人家的事，你和人家半毛钱的关系都没有。"女儿如此之语，不无道理。教育心理咨询不过是对来访者施以影响，其效果并非源于咨询员单方面的付出。

常言道："萝卜青菜，各有所爱。"爱青菜的难以理解他人为何爱萝卜，可我们还是常常以己度人。试图让他人接受自己的观点绝非易事，即便被接受，那也是取决于他人的内在需要，以及原有的认知或曾经的体验。强迫刚吃饱饭还撑得慌的人，再去吃完一桌美餐，一定会成为他的负担。这要求我们在教育心理工作中不可自以为是，应当实事求是地具体问题具体分析，遵从理论与实践相结合的原则。

基本常识
JIBENCHANGSHI

当人们面对被竞争充斥的世界，本能地感到危机四伏，随时可能被社会所淘汰，内心压力与日剧增。若缺乏正确世界观的引导，在各种压力之下，人格极易扭曲，甚至会出现神经症，而坠入痛苦的深渊，产生令常人费解的自杀愿望。

当"自杀是痛苦的解脱"的意念长期被强化，会在潜意识里默认自杀符合"快乐原则"，而不再受到本能的求生欲的抵制。任何痛苦的刺激都可能诱发潜意识中自杀的冲动，亦即自杀不需要常人所需要的理

由，故此，自杀也是不被人们理解的现象。再回到上节许老师与张子钦同学的对话中。

访谈案例
FANGTANANLI

再回到张子钦同学与我的交流。

交流摘要
JIAOLIUZHAIYAO

张子钦：当感到像黑夜里飘落的树叶时，生活只有等待落地的时刻。

老师：多么优美的句子。你为何不把自己的心理历程写出来？

张子钦：写出来有人读懂吗？

老师：一定有知音。既可以让人感悟"死"，也可以让人思考"生"。

张子钦：若我的情绪传染了其他人，那可是造孽的事情。

老师：如果真像你说的那样，我的情绪岂不是可以传染你了？

张子钦：怕我的同龄人没有您这样的抵抗力。

老师：从心理学的角度看，人的选择往往取决于自我内心的需要。对于一般人来说，具有自杀倾向的人是一个谜。

张子钦：您是想让我满足这些人的好奇心吗？

老师：你可以这么认为。若能让教育、心理工作者从你的心理历程中得到启示，纠正教育中存在的问题，其社会价值也许远大于你的想象。

张子钦：我还是第一次遇到不反对我自杀的人。

老师：注意前提是能留给人们有益的东西。否则，自杀毫无意义。

张子钦：自杀起码能解脱自我痛苦，免得父母继续为我担忧、操劳。

老师：仅局限在这两点，也太狭隘了。也不符合利益最大化原则。何况真实情况是你把痛苦转嫁给了父母。

张子钦：如果还有别的能力，我也不会想自杀。

老师：人们的痛苦感受与其所作所为是相关关系，不是因果关系。犹如吸烟之人得肺癌或胃癌的概率大，但未必一定得肺癌或胃癌。事实也如此，生活、学习和能力不如你的未必感到痛苦。你是否追究过其中的缘由？

张子钦：我天生心理素质差。

老师：抑郁、恐惧和焦虑等情绪介于意识与潜意识之间，有时情绪不被意识左右，反而情绪时常左右人们的意识。

张子钦：如果天天被情绪左右，人虽活着但意识已经死了。

老师：事实上意识没有死，只是被情绪遮挡住了。当把情绪的面具摘下，意识还会依然如故主宰人们的生活。

张子钦：情绪与生俱来，若把情绪消灭掉，人也就成了行尸走肉了。

老师：没有人可以把情绪消灭掉，也无须把情绪消灭掉。只要清楚了情绪起伏的规律，也就可以不再被情绪所困扰。

张子钦：您说的不过是人们的幻想吧？

老师：在中国自古至今就有人从事禅修，亦即通过静虑观念起念落，从而实现了达心性，并以此彻悟人生。在西方通过精神分析，把负面情绪的形成归因于人的早期心理创伤，而实现对心理疾病的治疗。

张子钦：真有这样的方法？

老师：有。你若感兴趣，我把相关资料传给你。

张子钦：行。只是最近对什么事都不感兴趣，想的事情多了心里也难受。不知怎么的越来越懒，连 QQ 空间也懒得去打开，有时连话都不想说。

老师：从给爸妈倒杯水开始，训练自己动起来。试着写写日志，总结心理历程，反省自己，告诫他人。少点利己的分析，多点利人的反思。

张子钦：这两年总觉得很失败，做事也感觉无能为力。虽然也顾虑他人，但很少离开自我感受，这也可能是心理变得狭隘的原因吧。

老师：在我的感受中，要想从不良的心境中走出来，还得从生活中的利人之事做起。在点点滴滴的利人之事中，目睹人们回报的微笑，感受人与人之间的温情，体验自我的价值，逐渐淡化自我的苦楚。

张子钦：知道您在教导我从小的事情中摆脱无能之感，慢慢扩大自己的心量，渐渐从抑郁中走出来。但对我来说这并非易事，当烦恼袭来，我生不如死，这是常人无法想象的痛苦。很多人说自杀者无情无义，可是有谁知道每当想自杀时，心中也会默念"父母养育之恩来世再报"。

老师：我也有过痛苦不被人理解的滋味，所以我们更得靠自己走出抑郁的阴影。把我发给你的资料看看，试着觉察情绪产生的过程，或许你会发现心理的痛苦也未必那么可怕。

过程旁白
GUOCHENGPANGBAI

在生命的传承中，父母引以为豪的不只是子女的孝敬，更希望子女得到社会的认可。若被社会认可，唯有做利人之事，名利是社会的回报，而非自我索取。迷茫之人多沉迷于自我，表现为对环境的漠视，沦陷于自我得失与感受，从而坠入痛苦的深渊，失去人生的价值取向。

该生具有固化的自杀意识，若遇与之相左的劝说，他会在无意识中形成心理阻抗。故此老师只好将计就计，使其意识到其所作所为可能具有正面的社会价值，从关注自我扩展到关注他人与社会。

在许多情况下，抑郁情绪看似是因自认为无法弥补的过失或缺憾而伤心，但从弗洛伊德人格论看，是因客观因素导致潜意识中产生生存危机、信誉危机、认可危机，特别是失去异性认可的危机。故此抑郁之时，常常伴随孤独、挫败、失落、无助、寂寞、失望、自卑等感受。抑郁的程度不仅与事件大小有关，而且与个体童年体验、身体状态、认知水平、人际关系、环境因素等方面有关。

抑郁的产生与潜意识有关，表现为不被意识所控制情绪，人们的劝说也难以奏效。对出现抑郁情绪学生的教育，已超出常规教育的范畴，若教师和家长没有相关的知识，不可盲目说教，以免适得其反。

当人处在抑郁情绪之下时，既要改变其认知，还要让其身动起来，更要让其心静下来。只有心不再躁动，内在冲突才能降低，抑郁情绪也就随之减轻，这也更利于改变其认知或行为。

延伸分析
YANSHENFENXI

具有自杀倾向者往往感到自己很失败，做什么都受到阻力，并感到无力抗争，也就是不知何时出现了所谓的"习得性无助"。他们表达自我的想法时，也常遭他人否定，连要自杀都会被反对，这最后的解脱愿望都不被谅解。故此，部分人自杀前选择沉默，不表露自杀动机，让人始料不及。因此，在做具有自杀倾向者的工作时，急于劝说往往是无效的，甚至无法进行交流。在貌似支持的基础上，理解他们的选择，建立起沟通的桥梁，使其有遇知己之感，这已是劝说成功的开始。

教育启示
JIAOYUQISHI

学生身体不适几分钟后，教师或家长就会认为是病了，但有时学生心理不适十天半月，也可能无法引起家长的重视。许多教师和家长即便感到学生有心理问题，也会认为说教即可解决，若说教失败则是学生不理解师长。不知心理疾病需要专业治疗，形成可怕的教育盲区，增大了教育的风险性。

我们这些普通教育心理工作者，面对已诊断为心理疾病的患者，可以根据自身业务能力，去选择为那些心理医生或精神科医生建议其做心理辅导者提供服务。但是，在教育心理工作中，若发现疑似心理疾病或自杀倾向者，唯有建议其立刻转变的选择。因为教育心理工作的服务范围，是身心正常的学生、家长和教育工作者。超出这个范围的服务，其后果不言而喻。

第五节　防止被完美的追求绑架自我

心理导读： 当人们沉迷于强大的内心痛苦之时，往往被情绪所左右，失去深层次的认知，这就更容易让人走向心灵的崩溃。

回味生活
HUIWEISHENGHUO

岁月如梭，当儿女问起我年轻时的经历，才发现自己的过去已成为历史。在现实生活中，偶尔从经历的事件中跳出来看，会发现有故事的人生，远比没故事的人生更丰富精彩。哪怕是自己曾感到坎坷、曲折、繁杂、枯燥、尴尬、沮丧、失落、消沉、绝望的经历，还是曾让自己感到幸运、兴奋、惊喜、愉悦、自豪的经历，只要不是平淡无奇，都会值得我们回味，也会让聆听我们经历的人得到趣味或启发。

从这个角度看，人生就是在编织自己的故事。无论我们遇到什么事情，偶尔从事情中跳出来，以制造故事的心态处事。若感觉这个故事不精彩就放下，再去缔造下一个更精彩的故事。生活总在继续，故事还在接连发生，唯有让我们的故事使自己和他人感到更加充实、更加有意义。

基本常识
JIBENCHANGSHI

事实上，每个人经受挫折、失败或痛苦时，都可能出现死的念头，只是死的念头在脑海里停留的时间有差异。每次死的念头出现都可能触动对生的思考，亦即提升人生价值观的契机。但是，死的念头在意识中若停留时间过长或引起死亡倾向，必须引起自我高度关注，并需要及时与他人进行沟通交流，或通过参与具有积极意义的活动转移注意力。

作为教师或家长要关注学生有关死亡的话题，切记不可遏制或回避这类话题的交流。例如，草率回应道："活得好好的，干吗去想死的事情。"人生自古谁无死，关于死的思考是人之常情，以此引导学生对古今哲人进行探究，既可解除学生对死亡的困惑，也可帮助学生建立正确的生死观。同时，加强与学生的交流，促使其提升人生的境界，防止不良心态的形成。这也是家庭和学校教育不可缺少的内容。

一般来说，当某个人还和他人谈论死亡的话题，说明他还没有实施死亡的决定。反之，有自杀倾向者的沉默更让人担忧。面对有自杀倾向者的表白，首先要真诚倾听他内心的苦衷，包容他的想法，尽量不要急于评判、反对或抨击，这时他需要的是倾听和理解。只有建立起有效的沟通，才能有效地制止其自杀行为。

访谈案例
FANGTANANLI

经过和张子钦同学第一次交流后，我要求其父母在加强监护的同时理解他的行为动机，通过肢体接触安抚他的不安情绪，减少语言说教，并让其感受到父母对他的需要。慢慢改变过度的呵护，尽量让他参与家务劳动，融入家庭的整体中，体现出他存在的价值，促其走出自我内疚和自责的痛苦。在爸爸的提醒下，一周后张子钦又和我进行了网上交流。

交流摘要
JIAOLIUZHAIYAO

老师：周末没有和爸妈出去游玩？

张子钦：没有。待在家里习惯了，没有玩的想法。

老师：是呀。情绪低沉时，容易产生惰性。

张子钦：这倒不全是我情绪低沉的原因。最近妈妈看上去有些疲惫，话少了许多，很多事情总依赖我帮她去做。

老师：子钦同学开始关心妈妈了。

张子钦：可能是妈妈变了的缘故吧。早晨起来就喊我叠被子、整理自己的房间，整天看她懒洋洋的，无精打采，连做饭也喊我帮忙。

老师：现在这个社会做父母的也不轻松。

张子钦：是呀。她还说自己冷静下来后，认为我很坚强。说我心中那么多苦楚还能坚持学习，如果她是我早就崩溃了。

老师：妈妈说得很对，你的确很坚强。在内心没有光明的情况下，还能学习并取得优异成绩，我也很佩服你。

张子钦：没有什么值得佩服的。我只不过是用学习弥补内心的空虚，赢得一点自尊罢了。我内心始终还是懦弱的、无用的、孤独的。

老师：何止是你内心懦弱，对于大自然，几乎每个人都是懦弱的。也正因为克服懦弱的需求，才形成个体间的相互依存关系。乃至形成家庭、集体、国家的整体意识，凝聚起更多个体力量，战胜懦弱以及外在的威胁。

张子钦：可我无法融入集体之中。

老师：你从未离开过家庭、班级、学校、国家这些团体。例如，当你遇到困难时，父母、同学和老师出手相助，学校给你支持，国家保护你的利益。

张子钦：在这些团体中，我是无能的、无用的，只会给他人带来负担。

老师：刚才还说帮助妈妈做家务，怎么又自认无用了呢？

张子钦：这是些微不足道的事情。

老师：对于疲惫的妈妈来说，这些事并非微不足道。你之所以感到懦弱、无用、孤独，也未必真是如此。

张子钦：我又不理解您在说什么了。

老师：你内心担心失去对父母、朋友和团体的依靠。

张子钦：我现在更不理解您在说什么。

老师：若内心承认懦弱，会去寻找安全的庇护；若感到孤独，会去寻觅知己、结交朋友；若感到无用，会把自己打造成有用之才。内心不仅不会焦虑不安、消沉低迷，而且会积极地面对生活、参与团体活动。

张子钦：虽然是这个道理。可我是例外，所以感觉自己很失败。

老师：你不是例外，反之你很正常，并且是一个追求完美的人。抑郁是你顾虑过去的不足会影响他人的信任；恐惧是你担心现在所做之事是否让人认可；焦虑是你对未来的不自信，害怕失去亲情、失去竞争力，或者是害怕失去生活的依靠等。所谓的失败是因未达到自我愿望或要求。

张子钦同学看到上面的话，沉默了许久才说：我是您说的那样的人吗？

老师：难道你不是吗？

张子钦：若真像您说的那样，我也不会有自杀念头了。

老师：你是承受不了心理痛苦的折磨，才有了自杀的念头。

张子钦：我从来没有这样认为过。但感觉您说的不无道理，只是我心里很乱，等我把您的话领悟好了再聊吧！

老师：好的。不好理解可暂且放过，下次再聊。

过程旁白
GUOCHENGPANGBAI

妈妈的行为改变起到了共情的效果，促进了母子间相互体谅。同时，妈妈又在理解中肯定了孩子的坚强，这有助于孩子恢复生活中的自信心。通过对妈妈的帮助，孩子也会亲身体验到自己在家庭中的价值与责任，显现出人的善性，这也是单纯说教无法达到的效果。

事事追求完美的人，易担心所做之事给人留下不好印象，或担心给环境带来不良影响，害怕因此破坏自己与他人的关系。故此，他会对已做过的事情反复回忆，当觉察自己有不完美之处，因时过境迁无法弥补，内心会诚惶诚恐、自责、抑郁。

追求完美之人由于对已做之事的内疚体验，又会促使他对当前所做之事谨小慎微，害怕自责抑郁的痛苦重演，表现为做事瞻前顾后、胆小怕事。当然，这类追求完美之人，预期焦虑情绪也会越来越重，甚至泛化为事事不自信，乃至失去生活的勇气。抑郁、恐惧和焦虑三大情绪相互交织，形成难以想象的心理痛苦，甚至伴随失眠、头晕、头痛、呕吐等生理痛苦。

延伸分析
YANSHENFENXI

当人们沉迷于强大的内心痛苦之时，往往被情绪所左右，失去深层次的认知，这就更容易让人走向心灵的崩溃。所以，许多自杀现象属于心理的冲动，并无显著的逻辑表征或理性上的因果关系。

一般来说，认知的变化伴随着情绪上的反应，似乎认知决定于情绪。事实上，情绪是一种本能上的反应，或者说是潜念的表现，有时是非意识层面的产物。许多人都曾有过这样的体验，当某个场景出现时，认知活动还未开始，人们已经触景生情，要么紧张，要么恐惧，要么焦虑，要么兴奋，等等。了解到这一点，当负面情绪出现时，首先不是跟着情绪走，而是去弄清情绪产生的原因和背景，防止感情冲动。

教育启示
JIAOYUQISHI

在前年夏末登泰山时，遇到一个9岁的小姑娘和奶奶登山。小姑娘背着登山行囊，奶奶拄着拐杖空着手登山。我问小姑娘："这么小的年龄，还背着包登山，累吗？"小姑娘白了我一眼后，微笑着说："能不累吗？"我故意问道："那你为什么不让奶奶替你背会儿？"她回答道：

"奶奶年龄大了，我背着是应该的。"听了小姑娘的回答，我们同行的几个人都为她竖起了拇指。这时，奶奶说道："三岁之前，我照顾她；三岁之后，她开始帮我；五岁之后，她开始照顾我。"

这样的教育下，孩子自幼就把照顾他人的心念合理化，照顾他人是理所当然之事。如此建立起的亲子关系，既可让孩子从小体验到自我存在的价值、被他人肯定的自豪感，又体验到家庭成员间的依赖关系，以及体验到自我的独立感、责任感。同时，孩子自幼体验到的亲子合作关系，有利于其健全人格的形成。

第六节 认识情感规律学会调控情绪

心理导读：负面情绪，宜疏不宜堵。

回味生活
HUIWEISHENGHUO

在我们愤怒之时，经常控制不住自己说一些过激的话；伤感之时，也是按捺不住地说一些沮丧的话；情绪激昂之时，有时情不自禁地许诺他人；喜出望外之时，也会因得意忘形而口无遮拦；惊恐之时，有时会歇斯底里；酒后之时，有时会失态乱语；等等。这些现象，均属突破了内心理智的防线，常常让我们追悔莫及，正如《养性延命录》所说："喜怒无常，过之为害。"

许多人都会说："我的事情我做主。"可事实上，这样的话经常是自欺欺人。我们的言行不仅受到环境的制约，还会受到自我情感的困扰。在许多境遇下，我们无法左右他人，甚至左右自己也很难。但是，当我们成了家长或者成了领导者，却很难容忍他人感情用事而造成过错。

在担任班主任的岁月里，记不清有多少学生因管不住自己而遭到我的批评。当学生意识到自己的过错，那自责的目光，以及受批评后内疚中混杂着委屈的表情，依然历历在目。随着年龄的增长、阅历的加深，我逐渐地不再疾恶如仇，开始容忍和理解他人的过失。同时，也开始理解当初在父母面前，我若指责我的孩子时，他们明知孙子或孙女的过错却还要护短。虽然，我父母不知道"己所不欲，勿施于人"这句话，但他们明白这个道理，每当我揪着孩子的过错不放时，他们回应我道："你小时候还不如他，干吗和孩子过不去？"

基本常识
JIBENCHANGSHI

人们常说抑制不住内心的激动，控制不住自己的愤怒，时常感情用事或被情绪左右。情绪如同放荡不羁的野马，让人难以驾驭，还不得不驾驭，不然就会跟着情绪走而成为情绪的俘虏，这就可能会坠入情感的旋涡而不能自拔。

情绪有时犹如洪水猛兽，如果我们一味地反感情绪、压抑情绪，就可能出现不良的心态，使自己陷入危机，甚至可能出现躯体的不良反应。情感总归是心理动力的源泉，我们需要了解它，努力地驾驭它，不能让它成为我们的正常行为的障碍，尽可能地让它为我所用，使其成为行为的动力。例如，适度的抑郁可以防止焦躁，做事低调且谨小慎微；适度的紧张可防止涣散懒惰，提高做事效率；必要的恐惧可以让我们有所敬畏等。

访谈案例
FANGTANANLI

张子钦同学在家长的督促下，把聊天记录反复地看了几遍，并结合心理体验反思自我痛苦的根源后，主动要求爸爸约好和我交流。

交流摘要
JIAOLIUZHAIYAO

张子钦：明知有些事没有做好不会影响大局，可还是郁闷自责。

老师：人的情绪有时不受意识控制，它源自人们的潜意识。

张子钦：我知道潜意识，晚上睡觉前告诉自己明天早起，潜意识会让自己届时醒来。做梦也属于潜意识行为。

老师：你有没有感受到潜意识像个顽皮任性的小孩？

张子钦：没有，只是感觉挺神秘的。

老师：例如，聊天时潜意识会突然释放出一个杂念，扰乱我们的话题。

张子钦：学习或做事时常有杂念出现，原来是潜意识在捣乱。

老师：重新回顾下，潜意识是不是真像个顽皮的小孩？

张子钦：还真是有点像。它不受约束，也不分场合、时间，更不管你在做什么，想捣乱就捣乱。你去理会它，它就缠住你，意识也就离开了该做的事情；你不去理会它，它也会三番五次地干扰你，总是想引起你对它的关注。这就是烦恼！

老师：烦恼不止于此，还有人们意识层面的思想斗争。

张子钦：竭力地遏制这些杂念，也会使人很累、很烦。

老师：别烦它，日常行为离不开潜意识。例如，异常的响动它立马提醒你去注意；走路聊天时它默默地为你操控着腿脚、方向等。

张子钦：也是。我们的很多行为都是无意识行为，这也不难理解为什么情绪有可能被它操控了。这顽皮的家伙想哭就哭、想笑就笑。

老师：你不觉得潜意识就像小时候的你吗？

张子钦：还真有点像。小时候做错事，非常后悔，害怕被妈妈知道。现在事没做好，虽然不是害怕妈妈了，但还有那种情绪感受。

老师：现在想想小时候做错的事，有必要那么后悔吗？妈妈真的那么可怕吗？

张子钦：那时不懂事，事实上妈妈也没有那么可怕。

老师：那时你乖，妈妈也喜欢你，若发现自己不乖就担心妈妈不喜欢了，或担心妈妈不要自己了。这种模式还残存于潜意识中，致使每当做事不完美就下意识地内疚恐慌。可你现在已非小孩，有必要在意这些情绪吗？

张子钦：不管在意与否，这种情绪还是会出现的。

老师：出现是正常的，关键是对待这些情绪的态度。

张子钦：情绪就是那不懂事的孩子，若和孩子较劲的确有点傻。

老师：若遇不懂事的小孩哭闹、顽皮、不听话，您该怎么办？

张子钦：哄他、躲他、打他、骂他。

老师：情绪就像这个不懂事的孩子，你不仅躲不开他，而且和他讲理也没有用。打他、骂他就是内心的自责和内疚，哄他也改变不了他的习性。你是否想到适当地满足他？

张子钦：满足他？有些念头是非常自私、龌龊、消极的，无法满足他。

老师：在我们的潜意识中，恪守着趋利避害的快乐原则。当杂念多或情绪烦躁不安时，可以去爬爬山、打打球、聊聊天，陪着潜意识玩玩，适当满足潜意识中的快乐需求。

张子钦：这些方法我试过，但现在学习越来越紧张，时间上不允许。

老师：既然如此，当负面情绪或不良念头出现时，就别和潜意识怄气，尽量安抚它，让它陪着你享受学习中收获的快乐。

张子钦：当我忽然意识到情绪就像顽童，也明白了自己有时太在意它、顺从它、娇惯它、信任它，当它任性时我又和它评理、怄气、打骂、决斗，结果被它搞得心神不安，几乎心理崩溃。

老师：关于情绪的形象比喻，也给了我很多的启发。

张子钦：刚刚我又体验了情绪的形成过程，情绪就像顽皮且不懂事的孩子，任何的刺激或想法产生时，它都会立即作出反应。

老师：我上次传给你的资料看了吗？

张子钦：看了，但没看完。讲得很有道理，不过我还没有试着去做。

老师：当负面情绪袭来，静静地观察这个顽皮孩子的表演，看看它有多少花招。当充分了解了它，或许就有更多的、更有效的方法降服它。

过程旁白
GUOCHENGPANGBAI

从人们来到这个世间开始，所有经历、体验的事件不论能否回忆起，这一切都可能被潜意识所记录，并在无意识中影响着人们的心理状态。故此，任何方式的教育都得遵循人性的特点，否则会造成不完善的人格。面对心理偏差，更得从心性上去认识、去修正、去完善。然而，关于人性或心性的认知，却是当今家长与教师教育的盲点。

把情绪比喻为淘气的、不懂事的幼儿，虽不是十分恰当，但情绪发生模式与幼儿情绪的反应特点极其相似，而且也有说不清的关联，这也成为精神分析疗法的热点。也就是说，把情绪看作是幼儿不无道理，不论年龄多大的人，依然保留着儿时的情绪反应方式。

情绪反应属于人的本能范畴，婴幼儿认知发展初期，还不具备掩饰自我情绪的能力。因此，我们可以从幼儿特征中，了解人的情绪反应特点，并从中获得驾驭或管理情绪的启发。

趋利避害的快乐原则是人的本能，在调控情绪时，尽量不违背这一原则。如果我们调控情绪的方式违背了快乐原则，会出现下意识地抗拒这样的方式，或很不情愿地接受这样的方式。因此，在现实之中发现快乐，是摆脱负面情绪困扰的重要方面。

这个形象的比喻，让该生获得了表达情绪感受的方式，其本身就是对情绪的外泄，有利于减轻负面情绪带来的压抑。当黏人的小孩找你时，你总是不理会他，最终他就不再黏着你了。由此推知，当负面情绪袭来，坚持该做什么做什么，不失为良策。

延伸分析 YANSHENFENXI

从神经心理角度来看，情绪可以视为动物行为的一种调节机制：正面情绪是正反馈的奖励通路，强化动物有利生存的行为；负面情绪是负反馈的惩罚通路，修正动物不利生存的行为。对于在复杂环境中生存的生物，只有不断调整自己的行为，才能形成一套有效的行为模式。在这种情况下，失去任何一种情绪都可能会在生存竞赛中被淘汰。

但是，情绪不同于认知，它具有反应的直接性。也正因为情绪的直接性，让人们感到它难以驾驭，并时常因它的冲动而懊丧。调控负面情绪，如同治理洪水，宜疏不宜堵。疏导洪水需要人的智慧与意志，不可能导致更大的危害；若采用堵住洪水的方式，可能会导致溃坝的危险，而带来更大的危害。学会疏导情绪，防止负面情绪郁积，这是保障身心健康的重要方面。

教育启示 JIAOYUQISHI

在教育过程中，无论是家长还是老师，更多关注的是孩子的学习和成绩，时常忽视孩子的情绪变化。当孩子出现负面情绪时，会表现得束手无策，这既不利于提高孩子学习效率和成绩，还有可能影响其身心的健康发展。

因此，教育者既要加强自我理性修养，提高控制情绪的能力，为学生做控制情绪的表率，又要从自我体验中了解情绪发生与发展的规律，帮助学生提高情绪调控的能力。这是保障学生身心健康成长，提高其学习效率与成绩的前提之一。

第七节　让心灵焕发出人性的光芒

心理导读：轻蔑日常生活中尊老爱幼、帮困扶弱、扫地洗碗、端茶倒水等善小之事，就会失去对善小之事的感恩心、赞叹心，也就难以体验到人间温情。

回味生活
HUIWEISHENGHUO

我经常听到一些家长抱怨："我像伺候祖宗那样伺候孩子，可孩子就是不争气，天天拖拖拉拉、磨磨蹭蹭，学习不刻苦不认真，成绩一滑再滑，让他给愁死了。"当我问起家长怎么伺候孩子时，他们会罗列如何为孩子代劳本该他们自己做的事情。按照中国传统，本该孩子伺候父母长辈，这些家长恰好相反，名副其实地把孩子当祖宗伺候。

中国的传统文化中，提倡人之初，性本善，百善孝为先。家长把孩子当祖宗伺候，剥夺了孩子劳动的机会，使孩子无法从日常劳作中感受生活，也无法理解家长的辛苦。甚至许多孩子认为家长的伺候不是为了他而是为了家长自己。人是生活中的人，从本能的吃、喝、拉、撒、睡等，到理性的经验、知识、理念、理想、价值等，样样离不开生活。生活事无巨细，故此，我们经常说：一屋不扫，何以扫天下。可是，在应试教育的今天，家长的这些行为，剥夺了孩子劳动的机会，使孩子无法从日常劳作中感受生活、体味人生。

基本常识
JIBENCHANGSHI

　　尽管以西方心理学为主流的心理健康教育风靡全球，但适合中国国情的东方传统文化思想依然是我国当前心理健康教育不可缺少的基石，有待于有识之士的发扬光大。

　　在中国传统文化中，生死不依赖于上帝，而是依赖于自我的修为，并且利他的"善"成为解决生死问题的根本。也即善念是改变命运的钥匙，这就是东方文化的重要特点。在教育、心理工作中突出"善"的作用，帮助学生建立正确的人生观、世界观，促其尽快走出心理阴影。

访谈案例
FANGTANANLI

　　再回到张子钦同学与我的交流。

交流摘要
JIAOLIUZHAIYAO

　　张子钦：老师，如何降服情绪？

　　老师：《三字经》是我国古代启蒙教育的教材，你记得前几句吗？

　　张子钦：人之初，性本善。性相近，习相远……

　　老师：试想一下，一个婴幼儿有善恶之分吗？

　　张子钦：没有。

　　老师：那么《三字经》中为何说"人之初，性本善"呢？

　　张子钦：古人这么说不会有错吧？

　　老师：说的没有错。《三字经》中的这个"善"并非通常说的善恶的善，是指"上善若水，水善利万物而不争"的善。

　　张子钦：水的确泽被万物。

　　老师：善者不争辩、不分别，而利万物。"上善若水"是最高境界的善。

张子钦：婴幼儿没有分辨的能力，也没有行善的能力。

老师："性本善"是指最初人性。婴幼儿没有善恶之分，生理却有舒服与否的体验。婴幼儿对养育者的最初认知也是善，即给其带来舒服或享受。

张子钦：这又怎么样，后来的感受就不止于此了。

老师：是的。但长辈最初的关爱并没有减少，只是增添了希冀与生活的要求。儿童这时感觉到了不自在，或者说要求之下的不舒服。

张子钦：开始接受不由自主的要求，亦即人间的冷酷。

老师：你之所以认为冷酷，一方面是对长辈的不理解，另一方面是因为接受不舒服的心理体验。儿童期也是最容易造成心理创伤的时期。

张子钦：我虽然记不起自己那个时期的经历，但看到家长逼着孩子干不愿意干的事情，内心就非常反感。

老师：你可能小时候有过类似的经历，并且这种体验还在起作用。

张子钦：也许吧。至今我还认为父母只关心我的学习。

老师：所以，你也就只学习，很少关注其他事情了。

张子钦：我也想关注，可已经被关进了笼子，还能做到吗？

老师：这个笼子是你自己设置的，能怨他人吗？

张子钦：在学校老师要求学习，在家父母还是要求学习。好不容易盼来假期，又要去各种辅导班，生活是从一个笼子钻到另一个笼子中，可哪一个笼子是自己设计的？

老师：每个笼子都是一番天地，均可感受人间的温情。

张子钦：关在笼子里的动物，还有什么温情可谈。

老师：笼子里不止有你，还有同学、老师和父母。你之所以感到无温情可谈，使我想到了"勿以善小而不为"这句话。生活中过度渲染学习的重要性，善小之事易被忽视，温情也就不复存在了。

张子钦：老师的解释我有点明白了。自己不爱行"小善"，别人的

"小善"也就不放在眼里。生活中充斥的本就是"小善",若对生活中的"小善"熟视无睹,自己的内心也会变得灰暗。

老师:事实上,善本无大小可论。例如,给一个饥饿之人一口饭救人一命,捐赠千万元善款建一所希望小学,二者无法区别善之大小。关键是对自我来说,心存善念能感受到善的存在。

张子钦:您这话很有道理。有同学分享给我一个苹果,认为他是讨好与认为他是表达友善,心中就会产生不同的情感体验。

老师:同一个事件为何会产生不同的认知呢?

张子钦:自我观念中给人东西是表达友善,易想到对方表达友善;自我观念中给人东西是为讨好人,则会怀疑对方在讨好人。

老师:你感悟得很好。某个事件发生后,导致负面情绪的原因未必是事件本身,还可能与自我认知有关。

张子钦:陷入情感的漩涡中,反思自己很难,今天又有释怀的感觉。

老师:善是连接人与人情感的纽带。当体验不到善的存在时,内心就易产生无助感、恐惧感、失落感、孤独感等。

张子钦:是的。上善若水,善无处不在,否则人无法生存。可由于自己心中善意不足,善的感知能力也就下降,才使自己日益消沉。

过程旁白
GUOCHENGPANGBAI

"勿以恶小而为之,勿以善小而不为。"此话看上去是做人的要求,实则关系到人的心理健康。若只关注通过学习成就大善,轻蔑日常中尊老爱幼、帮困扶弱、扫地洗碗、端茶倒水等小善,就会失去对善小之事的感恩心、赞叹心,也就难以体验到温情。

人若发挥出如水泽万物的本性之善,即可感受到人间处处是温情,也就没有了负面情绪产生的温床。

仁者见仁，智者见智。这类现象心理学上称为心理投射，现实中人们称之为"戴着'有色眼镜'看世界"，也就是把内心观念投射到事件中。"感时花溅泪，恨别鸟惊心。"内心灰暗者看什么都可能是灰色的。因此，改变心态先从改变内在世界观做起，而非怨天尤人或内疚自责。

房屋是人用来遮风挡雨、安居乐业的场所，也可以是限制人身自由的地方。该生的笼子论，只看到了笼子对人的限制，没有感受到笼子的安全、舒适、温馨、利于成长等特性。所以，老师尽力引导他从自我经历中体验"善"的温情，在生活中发现"善"的存在，感悟"善"无处不在，降低他的负面认知。

"人之初，性本善。"亦即善是人性之光。就自我感受而言，心存善念不仅内心是光明的，而且环境也会反射出善的光辉。因善的利他之性，善能涵养周边环境，调和各种关系，使人与人、人与环境和谐相处。

延伸分析
YANSHENFENXI

《三字经》在"人之初，性本善"的后面，接着说"性相近，习相远"。由于后天成长环境因素影响，即便人的本性没有发生大变化，后天所得习性也会差异迥然。后天所得与善相悖的习性，如攀比心、功利心、虚荣心、好胜心、嫉妒心、狂妄心、贪婪心等，会阻碍人性之光，内心也会因此变得暗淡。内心发出灰暗之光，外界反射回来的也只能是灰暗之光。

因此，内心阴暗之人通常认为世界也是灰暗的，这也即境由心生，或者说境随心变。生活在内外灰暗的世界中，人自然会产生抑郁、恐惧、焦虑、狂躁等负面情绪，并伴随无助感、孤独感、失落感、无力感等不良感受。若防止或改善阴暗的心境，需要时时勤拂拭心之浮尘，回归本性，焕发人性之光。故此，《三字经》也通过各种案例教导人们，讲道德、说仁义、别善恶、上匡国、下利民等，旨在让人性之光永放光芒。

教育启示
JIAOYUQISHI

在教育过程中，让孩子发现他人之善，发掘自我内心之善，通过温情体验既可避免负面情绪的产生，又可降低负面情绪的困扰。实现这样的教育，需要向古代优良的传统教育学习，自幼激发孩子向善的心态，培养处事利他的精神，养成尊老爱幼、勤于劳动、敢于付出的习惯。

实践证明，自私自利、心胸狭隘之人，更易出现心理障碍；心地善良、心胸开阔之人，更容易化解自我内心矛盾。通过言传身教的教育，帮助孩子建立起良好的人生观、价值观和世界观，是防止孩子出现不良认知、负面情绪的基础。

第四章　自我认知

第一节　学习是个完整的心理活动过程

心理导读：学习是一个完整的心理过程，并非单一接受知识和形成技能，提高心理综合素质是教育与学习的基本目标。

回味生活
HUIWEISHENGHUO

中国人在知识学习过程中，提出一个字"悟"，悟包含着"心"与"眼、耳、鼻、舌、身"五个感官共同作用。学习知识离不开身心的经历，离不开身心的体验。如果知识只停留在机械记忆，这样学习知识如同电脑存储信息，让人得不到情感体验。知识只有在应用与创造的过程中，我们才能体验到其价值和意义。

有次某学生问我："为什么我学过的知识很容易忘记？"我打了一个比喻："从树上摘下一片树叶，最终会枯黄的。"这个学生略有所悟，回答道："哦，应该把知识作为一粒种子，让它在我心中生根发芽。"事实上，我们所学的知识，有的的确如同种子，可也有许多知识，如同飘落的树叶。

　　从某种意义上说，知识是人类实践经验的总结，获取新知识必须与我们已有的经历、体验、经验、知识等自我内在实践积累相联系，通过内在认知、情感和意志的协调运动，使之成为具有活性而成为意识活动的组成要素。如此获得的知识犹如种子，在我们心中生根发芽，乃至开花结果，这正是我们最期望的学习。

　　可是，也有许多知识并没有应用到我们的生活实践之中，当我们走进现实生活之时，这些抽象的、乏味的、枯燥的、教条的知识就像飘落的树叶，逐渐地在我们的意识中消失殆尽，使我们发出"学习无用"的感叹。事实上，我们依然不要小看这类知识，正是这类知识化作了心灵的沃土，滋养着智慧之树常青。所以，人们总会把有知识与有涵养相提并论。

💟 基本常识　JIBENCHANGSHI

　　刺激是心理产生的基础，人的感官每时每刻感受到各种刺激。感官接受刺激形成相应的刺激信号，这些刺激信号传导到神经中枢引起反射活动，亦即引起心理活动。刺激信号通过心理活动，有些成为难以分辨的"无名"信息，有些构成能分辨是什么、叫什么、为什么的"有名"信息，有的则成介于"无名"与"有名"间的模糊信息。

　　在脑反射活动形成的信息中，被人们觉知的属于意识范畴，未被觉知的信息属于无意识范畴。在此，人们能觉知的心理活动称为**意识活动**，未被觉知的心理活动称为**无意识活动**，但不排除意识活动中"无名"信息的参与。在心理活动中，意识与无意识也无明确的界限，二者可相互转化。

　　《道德经》中曰："无名，天地之始；有名，万物之母。"从心理学的角度看，意识活动始于"无名"信息，源于"有名"信息。意识的形成、学习的发生、科学的发展均遵循从"无名"到"有名"的过程。

了解心理活动的特点与规律，对于指导学习活动具有现实的指导意义。

访谈案例
FANGTANANLI

高二（5）班的王茹怡同学，因学习成绩下降，内心从开始的自责与内疚转为自卑、恐惧、焦虑、躁郁，乃至产生退学的想法。在他人的推荐下，家人利用周末休息时间带着王茹怡同学，请求许老师予以学习心理辅导。

交流摘要
JIAOLIUZHAIYAO

王茹怡：我不是不认真学习，可无论怎么努力就是学不好数理化。

老师：从什么时候开始出现这种状态的？

王茹怡：刚开始上高中还能听懂些，但没过几个星期就不知老师在讲什么了，心里越急越弄不清老师在讲什么。只能课下自己去看书，可是遇到看不懂的地方心里就急躁，越急躁就越看不下去。

妈妈：她急了就咬手指，把你的手指给老师看看。

王茹怡缓缓伸出手指，只见指腹惨白，局部露出的嫩肉隐隐冒血。

过程旁白
GUOCHENGPANGBAI

个体在心理活动过程中，伴随喜、怒、忧、思、悲、恐、惊等情绪或情感体验，形成对客观刺激及意识活动的态度，导致出现消沉、颓废、焦虑、抑郁、烦躁、紧张、激情、热情、温情等各种不同的心境。

延伸分析
YANSHENFENXI

情绪与情感总称为感情，属于心理活动的重要组成部分，具有对意识活动的促进或阻抗作用，形成贯通心理和生理之间的**情感活动**。如人们可通过眼神、表情、动作等行为向外界传达心态。情感的异常还可导致应激性神经症，如头晕、盗汗、尿失禁、胸闷、呕吐、发烧、腹泻等生理症状。

在心理活动过程中，感情既是认知的动力，又是认知的派生品，二者相互交织、难舍难离。特别是面对认知或行为的困难与挫折，感情既可能表现出促进性，又可能表现出阻扰性，其需要形成心理活动中的**意志**过程。

交流摘要
JIAOLIUZHAIYAO

老师：记得我小时候很想做好某件事，但总是做不好，于是就急得哭鼻子。母亲走过来笑了笑说："哭吧，用眼泪能做事，我也陪你哭。"

王茹怡：满分150分的卷子，我只得了15分，已是欲哭无泪了。

老师：考试规定谁越急躁谁的得分就越高吗？

王茹怡：快上高三了，我能不急吗？

老师：心急若能学好知识，我们老师岂不都下岗了。

王茹怡：老师就别拿我开涮了。

老师：我这是拿你开涮吗？

王茹怡会心一笑，说道：老师，我明白你的用意了。

老师：你开始就强调听课、看书。请问知识是听来的或看来的吗？

王茹怡：我在小学和初中时，只要上课认真听讲，一般情况下都能学会，而且成绩也不错。上高中后用同样的学习方式，成绩却一再下滑。

过程旁白
GUOCHENGPANGBAI

学习本是以情感为力、为隐，以认知为用、为显。若认知受阻而隐退，情感为显变为用，这时认知活动更加难以进行。战胜情感对认知的阻碍，需要人的意志力，并需改变认知策略，保障认知活动顺利进行。

老师借助幽默建立良好咨询关系，同时引导学生进行自我反思。

延伸分析
YANSHENFENXI

高中前的知识与学生实践活动联系密切，可轻易地将知识与已有知识、经验相联系，实现理解、掌握与运用，达到学习中的**认知**目标。高中知识则不然，加之学校因高考复习加快教学进度，三年的课程两年完成，使课堂知识密度增大，导致该生意识活动难以深入，形成学习的适应性障碍。

教育启示
JIAOYUQISHI

从感官传导到脑神经的信号，在反射活动中着重分析的是信号所含信息，即心理活动过程中的**认知活动**。在上述案例中，该生在课堂上，因急于记住老师所讲，反而会失去理解性学习，慢慢地会把学习固化在听、看、记和效仿上，均不具备破译信号所载信息的特点，即真正意义上的认知并未发生。加之数理化逻辑性和连贯性较强，致使学习变得越来越糟糕。改变该生的现状，既要学会合理的认知，又要学会情绪的管理与控制，还要培养坚强的意志力，即提高综合心理素质。

第二节　确定性观念的功与过

心理导读：本能的安逸需求和自幼形成的确定性观念，给人们的认知贴上确定性标签。这也成为人们烦恼、焦躁、抑郁等负面情绪的根源。

回味生活
HUIWEISHENGHUO

在现实生活中，万事不求人，几乎是一句空话。求人相助，最可怕的不是被人拒绝，也不是人家帮助你有明确的附加条件，而是那句模棱两可的"看看再说"。他人的"看看再说"，虽然还让我们抱以希望，却常让我们陷入难以抉择的焦虑。在年轻时，每当遇到这种情况，我都非常愤怒，甚至把人家排除在朋友之外。我曾发誓，当有人向我求助时，一定给人家明确的答复。

任何的承诺，无不伴随着诚信。当真有人向我求助时，我才发现帮还是不帮同样需要犹豫，甚至是让我焦虑。因为帮还是不帮，需要对自己和求助者做出基本的判断，需要具备能够确定的主观与客观的条件。从此，我不再怨恨那些该帮不帮或犹豫不决的人，也慢慢学会了果断拒绝他人的不合理求助，尽量不给人不确定的答复。

在现实生活中，我们时时刻刻面对着许许多多不确定的事情，经常让自己左右为难，使我深深体会到，讲诚信需要智慧、能力和勇气，而非意气用事，爱莫能助也是常态。

基本常识
JIBENCHANGSHI

心理是大脑对客观现实的主观反应，知识是人类意识活动的结晶。因此，掌握知识同样离不开个体间接或直接的实践体验。在学校教育中，知识的传授需要个体原有知识经验的解读，而非死记硬背、机械模仿或复制，否则就不可能最大限度理解、掌握和运用知识。

知识源于生活，只有从生活经历与观察中感悟知识，才能找到知识之根。同时，根植于现实生活的知识才有生命力。宇宙的整体性决定了事物间的关联性，没有孤立的知识，只有相互联系的现实生活。学习者必须立足于社会实践活动才能增强知识的活性。知识学习是心理活动的过程，实现主观世界与客观世界在认识上的和谐的统一，这是学习的重要侧面，也是心理健康发展的重要条件。

访谈案例
FANGTANANLI

回到许老师与王茹怡的辅导中。

交流摘要
JIAOLIUZHAIYAO

老师：幼儿在识数之前，就能知道这些玩具是自己的，那些玩具不是自己的。"这些"或"那些"确定的对象构成的整体，是不是高中数学的首个概念——集合？

王茹怡：是呀。

老师：集合中的对象称为元素，集合中的元素具有怎么样的性质？

王茹怡：具有**确定性、无序性和互异性**三大性质。

老师：若儿童闹不清某个玩具是否是自己的，他的玩具还能构成集合吗？这时，他的内心会有怎样的反应？

王茹怡：不能判定某个玩具是否属于他的，违背了集合中元素的确定性，也就不能构成集合。他心中会纠结，甚至会焦躁不安。

老师：他为什么会纠结？甚至会焦虑不安呢？

王茹怡：事实上是会这样的，但我说不上是为什么。

老师：安逸是人的天性。任何异样的变化都会引起婴幼儿的不适，哪怕是很短暂的不适都可能引起婴幼儿的强烈反应。

王茹怡：哦。要保证安逸，所处环境中的事物都得是确定的。

老师：正因为如此，父母为了遵循孩子的天性，尽量维护环境的确定性。例如，定时、定量地喂奶，尽量保持环境的安静，定时察看尿布等，这使婴幼儿感受更多的就是客观上的确定性。

王茹怡：是呀。自幼就感受到世界虽有变化，但总体上还是确定的。

老师：知道自己为何焦虑了吗？

王茹怡：学习结果不确定，成绩不确定，前途不确定，人们对我的看法等都不确定了。不清楚自己会成什么样子，一切全乱了。

过程旁白
GUOCHENGPANGBAI

人们的快乐与痛苦取决于安逸心是否得到满足。因此，父母让婴幼儿感受到事物的确定性规则，这不仅满足其本能的安逸需要，也成为其后天对事物确定性的探求欲，以及谋求的生活标准。然而，现实并非如此，当人们观念中的确定性被打破，相继而生的是恐惧、焦躁、抑郁等负面情绪，没人愿意在充斥着不确定性的环境中长期生活。

延伸分析
YANSHENFENXI

在幼儿养育过程中，由于父母对婴幼儿的呵护，有意无意中让其接受更多的确定性事实，自幼就形成确定性是事物属性的观念。随着孩子年龄的增大，确定性的观念也被泛化。例如，当"好孩子不能做错事"被确定为好孩子的属性，以好孩子自居的儿童做事就会谨小慎微，或者面对错事就显得惶恐不安，甚至会有如临末日之感。因此，适度地让婴幼儿接受事物不确定性的事实，也是婴幼儿教育的一部分，但却往往被人们忽视，造成成年后也不愿接受不确定性的事实，或在变化无常的环境中适应力欠佳。

交流摘要
JIAOLIUZHAIYAO

老师：学习结果、成绩、前途、看法本该是确定的吗？

王茹怡：成绩稳定时，这一切还算是确定的。

老师：所以这就更加使你认为这一切本该是确定的。

王茹怡：对。当学习感到困难时，才感到一切都不确定了。

老师：回到刚才儿童的玩具问题上。儿童面对分不清某个玩具是否是自己的，最终会做怎样的决定？

王茹怡：放弃或获取到。

老师：取舍正是遵循内心确定性原则的表现。当然，人们还可以选择搁置。

王茹怡：老师，我明白了。成绩下降仅是我焦虑的诱因，而主要原因是我自己内心执着于一切本该是确定的。

老师：你现在是否还认为世界上的万事万物具有确定性？

王茹怡：虽然感到世事难料，但内心还是希望结果是确定的。

老师：本能的安逸需求和自幼形成的确定性观念，给人们的认知贴上确定性标签。致使思维希望有确定答案，行为需要有确定结果。

王茹怡：我常常放弃不能确定的事情，有时即便去做也心不甘情不愿。

老师：人们的确定性观念是许多负面情绪的成因。例如，认为某些事情是绝不可能发生的，而不接受已发生的现实。

王茹怡：是呀。我至今不相信自己的成绩下降到这个程度。更可笑的是，我认为成绩下降时着急是理所当然的，结果越急越乱。

老师：人们本是在问题中寻找解决问题的方法，但因内在确定性的打破导致情绪波动，反而对当下意识活动造成负面影响。这时需要人们通过意志努力，重新回到当下要解决的问题上。

王茹怡：道理是知道，但人是感情动物，做起来就不像想象的那样。

老师：情绪可随认知而变。即便是确定性的观念处在潜意识中，也会在认知的潜移默化下发生变化。

过程旁白
GUOCHENGPANGBAI

人们为了维持内心的确定性原则，最常用的策略就是放弃或获取。一方面保持确定性事物构成集合的完美性，享受确定性事物带来的安逸；另一方面摆脱不确定事物带来的纠结，免受由此产生的负面情绪折磨。故此，人们难以接受不确定性事物的存在。

天地万物都处在发展变化过程中，虽然我们每天所解之题的答案是确定的，但现实事物的发展变化结果未必是确定的，解题过程正是排除不确定性带来的困扰，寻找合理的方案推算出题目的确定答案。

接纳现实中事物的不确定性，稳定心态方可不被不确定因素所困扰。否则，人的意识活动就会瘫痪在不确定的现实之中。

延伸分析
YANSHENFENXI

内心的确定性观念时常使人们执着于某一个信念，固执地认为这个信念是不可动摇的，事物的发展必须遵守他认定的法则，否则生活就会乱套，乃至无法生存。这种确定性观念经常制约着人们的思维或言行，在有意无意中控制住人们的情绪。例如，人们所干之事其结果未知，这就有悖于内心的确定性观念，心中就会莫名其妙地忐忑不安。

教育启示
JIAOYUQISHI

在人们的内心深处存在着许多自幼形成的确定性观念，固执地认为许多事物是确定的、一成不变的。人们经常有意或无意地说：应该如何、必须如何、绝不相信、绝不接受……从哲学意义上讲，运动是物质的本质属性，静止是相对的，运动是绝对的，一切都在运动、变化与发展过程中。也就是说所谓的确定性是相对的事物变化规律，以及瞬间感知停留在大脑中的观念。

在教育过程中，教育者必须让受教育者清楚事物不确定性的客观存在。让受教育者认识到事物的确定性是相对的，而其不确定性是绝对的，防止"绝不""一定""绝对""必须""应该"等确定性观念影响对事物的判断。

第三节 意识活动以不确定性为基础

心理导读：学生应当明确不确定性的存在，才是人的认知、情感、意志、希望、学习、拼搏、发展、成就的意义所在。

回味生活
HUIWEISHENGHUO

在我的朋友中，不乏炒股之人，他们或赢或亏，乐在其中。由于我常年和数学打交道，养成了谋求确定性答案的习惯，尽管许多人建议我玩股票，但我从未敢越雷池一步。这种坏习惯，也常让我遇事虽然敢于抉择，却透露出墨守成规、胆小怕事的特质，没有敢冒风险的胆气，生活也变得平淡、古板、乏味。让我偶尔为之兴奋的只是经过努力拼搏，获得的那点顺理成章的回报。

在现实之中，本该顺理成章的收获，有时也会和我擦肩而过，年轻时我会因此而震怒，随着这类事情时常不期而遇，慢慢地也会习以为常。开始在无奈之下，只管做事，不思回报，这听起来有些高尚，久而久之不只能多了几分心安、少几分创伤，还能体验到"无欲则刚"。

基本常识
JIBENCHANGSHI

人们经常谈论心灵创伤问题。事实上，所谓的创伤无非是某些刺激在人们内心形成的确定性观念。这些观念即便被封存在不被意识觉知的潜意识中，当类似的情境出现时，这些固化的观念又会不自觉地冒出来，作用于人们的意识活动，并形成负面情绪或负面认知。

解决这些引起负面情绪或负面认知的观念，在教育或心理咨询中产生了许多方法，但最为根本的还是建立科学世界观，以及社会观、人生观、价值观等，并以此化解固化的观念。

访谈案例
FANGTANANLI

再回到许老师对王茹怡同学的学习心理辅导。

交流摘要
JIAOLIUZHAIYAO

老师：在生活中，人们是否经常遇到具有不确定性的事件？

王茹怡：具有不确定性的事件太多了。我几乎每天都被这类事件困扰。早上起床纠结穿哪件衣服好，出门带哪些东西合适，直到晚上睡觉前还顾虑作业是否能达到要求。妈妈和我来找您，还不确定能否得到帮助。

老师：若生活在约定俗成、事事了如指掌的环境中，会有怎么样的结果？

王茹怡：没有纠结、不安和顾虑。那该多好呀。

老师：好？还有惊喜可言吗？还有智慧可谈吗？

王茹怡：这……嗨！那也会感到很乏味吧。

过程旁白
GUOCHENGPANGBAI

不确定性是指事先不能准确知道某个事件或某种决策的结果。或者说，只要事件或决策的可能结果不唯一，就会产生不确定性。世间万物都处在变化之中，人们时时处处都可能遇到不确定性因素，也即"世事无常"。如美国前财政部长罗伯特·鲁宾所言："世界充满了不确定性，只有在你回顾历史的时候，才知道结果。"当人们降临到这个世界就要面对具有不确定性的事物或事件。

延伸分析 YANSHENFENXI

事物的不确定性是意识从"无名"到"有名"的过渡，是意识活动形成与发展的根源。事物的不确定性也是好奇心、求知欲产生的外在条件，更是意识活动丰富多彩的客观因缘。脱离事物的不确定性，意识活动就会简单机械，就不会有思维的火花，也无智慧可言，更无挑战自我的机缘。如网友所言："不加点世事难料，调不出生活的味道。"

交流摘要 JIAOLIUZHAIYAO

老师：请问妈妈一个问题，王茹怡小时候生过病吗？

妈妈：生过。

老师：有没有遇到过不知能否医好的情况？

妈妈：遇到过。有一次她连续发烧四五天，我真的不知该怎么做了。

老师：你有没有放弃治疗的念头？

妈妈：没有。只有一个信念：无论如何也得治好。

老师：王茹怡，现在你的学习就如当初妈妈怀中的你，你有没有妈妈当初对待你的信念，一定把学习赶上去？

王茹怡：有是有，还是担心自己努力也学不好。

过程旁白 GUOCHENGPANGBAI

美国著名作家芭芭拉·金索尔夫说："母性的力量胜过自然界的法则。"如果我们对待自己的学业或事业的态度，像母亲对待她的子女那样，不论遇到怎样的挫折，都是没有放弃可言的。

延伸分析
YANSHENFENXI

在精神分析中有一个专业名称叫抱持力或负能力，即对不确定性带来的极度焦虑感受的容忍和耐心，以及足够的好奇心和开放态度，包括有勇气去感受这种情绪的强烈冲击，而又不会被这种情绪所淹没的能力。面对幼儿的疾苦，妈妈的母爱显示出强大的抱持力。这是战胜不确定性带来的焦虑情绪的动力源泉。然而，面对学习、工作、生活或事业上的挫折，特别是持久的挫折，人们很少表现出这种源于母爱的抱持力。

信念是抱持力的动力源泉，像妈妈面对病重的孩子，不论治疗是否有效，依然坚持给孩子治疗下去，直至有效为止。面对持久的挫折首先需要这种信念，并在信念支持下寻找有效的方法，鼓足勇气坚定地去克服困难、战胜情感的冲击。而不是因预期行为结果的不确定性，坠入是否取舍、如何选择、可否行动的犹豫徘徊与纠结之中。

教育启示
JIAOYUQISHI

在现实生活中，愿意主动面对不确定性的人，往往更能收获确定感、安全感和自信心；反之，容易使人陷入预期焦虑的漩涡。不确定性意味着激活探究欲和不断更新认知，焕发出改革、创新意识，以及创造性的活力。学校与家庭教育要让孩子感受到不确定性带来的生机，体验到面对不确定性获得的成功感，从而激发勇于面对不确定性的动机、信心和抱持力。

交流摘要
JIAOLIUZHAIYAO

王茹怡：我被过多的不确定性给困住了，总感到不知所措，处在焦虑之中。

老师：也可以说是被吓住了吧？

王茹怡：是的。因为学习成绩下降，升学成了未知数，感到前途迷茫，时常因此而恐慌。焦虑也主要就是这种恐慌引起的。

过程旁白
GUOCHENGPANGBAI

学习、工作、事业和生活中的不确定性，易诱发本能的生存危机，导致人们的紧张情绪、不安感或恐惧感。

延伸分析
YANSHENFENXI

人们通过对不确定性的认知，本能地回避危险，谋求生存与发展空间的最大化，获得心理上相对的安逸感。适当的生存危机，可促成人们的探索与抗争意识。但不确定性若造成过度的生存危机，也会消退人们的竞争意识。在这方面，既具有普遍性，也存在个性差异，因此，家庭与学校教育不能脱离因材施教的原则。

交流摘要
JIAOLIUZHAIYAO

老师：关注学习成绩没有错。学习成绩源于对知识的理解、掌握和运用，但成绩、升学或前途不是解决学科问题的条件。

王茹怡：可是，我一旦上课听不懂，就联想到成绩会下降，不自觉地与升学、前途相联系，乃至想象出父母、老师、亲朋等对我何等的失望。

老师：人们内在的意识活动也具有不确定性，这是正常的心理反应。当你清楚这种心理习惯的危害性，树立起正确的学习观，这种心理习惯自然会消失，学习效率也会自然提高。

过程旁白
GUOCHENGPANGBAI

在心理活动过程中，各种念头的出现也具有不确定性。某些与学习无关的杂念经常会随机出现，造成对学习的干扰，以至于使人烦恼或焦虑。由此引起的烦恼或焦虑程度，取决于对待意识活动不确定性的态度。

延伸分析
YANSHENFENXI

亡灵导师克尼·特莫尔《亡灵的生命轨迹》中讲了一个故事：

有一对孪生兄弟，一起在母亲的体内舒适地生活着，不愁吃穿，也没有危险。

有一天，弟弟突然说道："我一定要到外面去看看，那里一定有比这里还充实的生活！"

哥哥摇摇头："我不要！我们在这里有多好！不愁吃穿，又没有危险，我不要放弃这里，去外面那种危险而未知的地方，面对那种种无法预知的东西！"

弟弟无法说服他的哥哥，只好一个人离开了母亲的身体，虽然他面对过危险、悲伤、愤怒……种种让人伤心、惊惧的事情，但是同样也享受到了爱情、亲情、幸福……种种温馨、快乐的生活，他的生命充满了色彩。而他的哥哥，虽然没有危险，没有痛苦，也得到安全的保护，但是他的生命却只有一种单调的颜色，错过了很多东西……

若让人们生活在一切都具有确定性的环境中，意识将会成为无源之水，生活即会禁锢在预定的流水线，人生也就无精彩可言。教育者应当让学生明确不确定性的存在，才是人的认知、情感、意志、希望、学习、拼搏、发展、成就的意义所在，以乐观积极的态度面对不确定性。

人们无法改变事物运动变化的本质属性，也就无法排除其发展变化的不确定性。人们唯有在接纳或认同事物发展变化的不确定性的基础上，通过意识的主观能动性，在运动变化中获得事物相对的确定性，以及具有确定性的变化规律，并以此实现生存与发展空间的最大化，获得安逸、快乐与幸福感。这个充满不确定性的世界，正是探索者的人生乐园。

教育启示
JIAOYUQISHI

当家长或教师发现学生出现偏离预期的现象，首先清楚学生的成长本就充满不确定性。唯有在对不确定性认同或接纳的基础上，耐心地帮助其分析原因，寻找解决问题的策略或方案。切忌因此惊慌失措，使学生感到如临大敌、不知所措，更不可伤其自尊心和自信心。

生活并非确定压倒一切，困惑也是唱响生活的音符。这些固化的确定性的观念，不仅影响人们的创新意识、探索精神，而且会在人们处理违背内心确定性原则的问题时，导致负面情绪产生。教育不能局限在生活技能、知识与经验的传承，教育从始至终就应重视科学世界观的形成。现实生活告诉人们，当获得某个确定的结果时，就会发现这个结果仅仅是个生活的节点。人生是追求结果的过程，希望总在前方。

从事物变化发展的不确定性中获得确定性的变化规律，正是科学形成与发展的价值。万物发展变化，随时有新的不确定性出现，有时让人们的意识活动应接不暇。加之内在认知结果也具有不确定性，致使外在与内在的不确定性成为人们意识活动的主体。人们的意识建立在不确定性的基础之上，人生即在充满不确定性的海洋中扬帆起航。

第四节　关注心理系统的有序性

心理导读：在各种情况下，意识活动能否保持有序性，即能否保持心理活动的系统性，这是心理素质的重要表征。

回味生活
HUIWEISHENGHUO

我们都希望生活井井有条，做事有条不紊，环境秩序井然。然而，在现实生活中，往往事与愿违。客观与主观上的紊乱，时常让我们陷入无序的状态。拨乱反正不仅是治国之策，也是我们在日常生活中不可回避的事情。有时生活中的小小变故，也会让我们不知所措。以怎样的心态面对瞬息万变的时代、变化万千的生活，这正是我们终身的功课。

基本常识
JIBENCHANGSHI

面对事物的不确定性，人们应以乐观向上的态度面对变化，面对未来，勇于探索，敢于进取，方可拥有精彩人生。具有优秀人格者，越感到事物的复杂，就越自信、越镇定，越能应对变化而促进自我发展。

但是，由于人性的情感特质，发现客观或主观存在的不确定性，会产生不同程度的紧张不安情绪。一般来说，适当的紧张不安可激发人的潜力，促使其鼓足力量去应付即将发生的危机。但过度紧张不安会引发焦躁、恐惧、抑郁与强迫等心理症状，危及心理健康。

访谈案例
FANGTANANLI

如何防止不确定性给人们带来的负面影响，继续回到许老师与王茹怡同学的辅导话题。

交流摘要
JIAOLIUZHAIYAO

老师：在应试教育下，谁也难以摆脱"学习⇒成绩⇒升学⇒前途"的链条。在这个链条的牵引下，学生的注意力往往集中在解题方法与技巧上，容易忽视自我内在修养，而成为高考指挥棒下的"学奴"。被这个链条捆绑的学生，即便知识在增长，人生境界却未必提升。这就犹如存放知识的容器，容积不增，可存量在增，从而形成高压式的学习。

妈妈：我插句话，许老师比喻得很好。在20世纪80年代，我们的考学欲望不比现在学生低，但有考不上学也要自学成才的想法。可现在的社会用人制度，不允许再有这种想法。没有过硬的大学毕业证，用人单位就不录用，所以不得不盯着孩子的成绩，督促她考上好点的大学。如今她出现如此情形，我们当家长的非常自责。

王茹怡：我理解父母的心情。即便学习失去自信，也不愿意放弃。当努力无济于事时，才纠结、迷茫、烦躁不安，甚至想到自杀。

老师：努力无果，容易乱了方寸。在数学中，集合内的元素具有确定性，但现实世界充满不确定性。集合中的元素具有无序性，但人脑中的信息可否处于无序状态？

王茹怡：我现在的学习就处在没有头序的状态。像小孩刚学会说话，字或词之间没有联系，只会单字（或单词）蹦，更谈不上综合运用。

老师：集合中的元素若备具有序性，集合就成为系统，也就具备了功能性。如幼儿能把字或词按一定顺序或规则排列起来，也就具有了语言功能。只有知识间相互联系，才能发挥知识的功能，也就能用其解决问题。

王茹怡：我一直以为记住了公式、定理和原理就可以做题，做题才是学习的主要任务。很少关注知识是从哪儿来的，以及知识间的相互联系。何况老师也要求我们必须按时完成布置的习题。

老师：用个并不恰当的比喻，知识之树以理想为成长的空间，以学习的动机与兴趣为生长激素，以学习环境与气氛为阳光雨露，以客观现实为土壤。

知识之树必须具备广阔的生长空间以及持久的生长激素，并扎根于土壤，且沐浴到阳光雨露，才能枝繁叶茂、繁花似锦，方可结出丰硕的果实。做题不过是知识之树的枝叶。

王茹怡：看来我的学习的确是本末倒置了。若按过去的学法，不仅跟不上老师讲的进度，自己也越学越糊涂。

老师：集合中没有两个相同的元素，即元素具有互异性。人也如此，你在这个世界上是独一无二的。

只有根据自己的现状，制定自己的学法，才能发挥出自己的聪明才智。所以，老师不是老板，学生不是打工仔，学习必须遵循认知规律，发挥自我主观能动性，在自主学习的状态下，完成老师布置的任务，达到老师的要求。

过程旁白
GUOCHENGPANGBAI

系统论告诉人们，在系统状态下，任何要素的功能都是整体系统的功能。教育是社会系统的要素，教育的弊端是社会系统机制下的弊端。乃至家长上述的教育行为，也是社会系统下的行为，家长无须过于自责。

事物发展变化的不确定性中具有确定性的变化规律，或说事物变化的有序性就是知识。学习知识的同时，也是建立思维的有序性。在各种情况下，意识活动能否保持有序性，即能否保持心理活动的系统性，这是心理素质的重要表征。因此，学习也是提高心理素质的过程。

学习是建立在社会实践基础上的综合性心智活动，若把学习局限在培养运用知识与方法解决问题的技能上，那么学习无异于生产车间里技工的工作。这种狭隘的学习，时常忽视学习的动机、兴趣、情感、意志、理想、信念、思想、价值等众多因素，势必会造成学生的心理异常。

延伸分析
YANSHENFENXI

　　现代系统论认为，系统是由元素构成的，离开了元素就没有系统可言。同时，脱离系统的元素，就不再具有系统中的功能。学习是一种特殊的心理活动，需要心理系统中各个要素有序运动才能实现。在教或学的过程中，只注重解题能力的训练，忽视心理要素的协调发展，不仅难以达到训练的目的，还可能造成学生的厌学情绪。

教育启示
JIAOYUQISHI

　　学习是心理活动的过程，心理系统中感情、认知、意志、动机、注意等要素的状态，以及各要素间的匹配关系、个体与环境的关系，系统与环境的关系等，都是决定心理系统的功能的重要因素。忽视要素的功能或者企图单一提升某个要素的功能，都难以取得理想效果。

第五节　合情推理是认知的双刃剑

　　心理导读：许多不良心境的形成，与使用似真推理得出认知谬误有关。

回味生活
HUIWEISHENGHUO

　　我们经常看到儿童的模仿行为，他们之所以出现模仿行为，不只是出于本能，这其中已有了感性的认知。我最喜欢蹲下来和儿童辩论，在他们幼稚的语言中，透出天真的智慧。有时孩子们会和我争得面红耳赤，他们据理力争的样子，着实让人感觉可爱。

　　例如，某次领着三岁的侄子，去停在大街上的车里取东西，一位大嫂指着我的车，逗侄子道："这车是我的。"侄子信口辩道："这车是我的。"大嫂见他口误说："凭什么说是你的？"侄子："这是我大爷的车，大爷的就是我的。"大嫂指着我说："他不是你大爷。"侄子反驳道："他也不是你大爷。"大嫂不禁哑口失笑。

我们可不要小看孩子的思辨，这可是成年之后思辨模式的雏形。若从儿童的思辨中，反思我们固有观念的形成，有时会发现自己经常和儿童一样的幼稚纯真。保持一份童心，内心会增添一份清纯。

基本常识
JIBENCHANGSHI

意识源于客观刺激引起的中枢神经反射活动，但意识又是相对独立的系统。幼儿在对集合与元素的认知基础上，形成对事物的识别或再认，进而演化出对事物的间接反映，即所谓的**思维活动**。

人们在意识活动过程中，思维不断被强化。但因人类知识传承的间接性，学生又会因被动地接受、机械地效仿，使最原始的、最珍贵的自主思维活动在无意之中被扼杀。

访谈案例
FANGTANANLI

再回到许老师给王茹怡同学的学习心理辅导。

交流摘要
JIAOLIUZHAIYAO

王茹怡：这些年来我为了做一个好孩子，对家长和老师几乎是唯令是从，即便是思维活动也得按他们规定的模式。

老师：儿童通过观察能清楚"这些是自己用的东西"，"那些是爸爸用的东西"，从而形成不同集合的概念，也即两个集合中的元素分别具有"自己用"和"爸爸用"的公共属性。因此，集合的概念也被陈述为"具有某种属性的所有对象构成的整体"。这也说明儿童已掌握由特殊到一般的**归纳推理**。若学习仅限于记忆或套用，那么连儿童用的自主推理也不会去使用了。

过程旁白
GUOCHENGPANGBAI

归纳推理是根据一类事物中部分对象具有某种性质，推断该类事物中的每个事物都具有此属性，即由部分到整体，由个别到一般的推理。例如，儿童从妈妈头发长、奶奶头发长、姑姑头发长、阿姨头发长，……得出"女人头发长"的结论，即使用了**不完全归纳推理**。因不完全归纳推理属于合情推理，易忽视它的似真性，故常得出让人啼笑皆非的谬论。

延伸分析
YANSHENFENXI

该案例中王茹怡同学之所以失去学习自信心，因为她也使用了不完全归纳推理，即几次考试成绩连续下降，得出成绩不可能上升的结论。许多不良心境的形成，也与使用似真推理得出负面认知有关。

人们许多观念就是源于似真推理，其正确与否有待实践验证。但其中错误观念若被固化，将会直接影响我们的认识观。

交流摘要
JIAOLIUZHAIYAO

王茹怡：老师，我明白了。在学习中既要有自我思维，又要清楚思维方法的合理性，还要客观对待自我观点，谨防固执己见。

老师：集合可以根据其中的元素个数是否可数，分为有限集合和无限集合。对于有限集合中的元素性质，若元素个数较少时可以使用完全归纳推理，从而得出正确结论。对于元素个数较多或无限集合则不然。

王茹怡：如果不能使用完全归纳法，如何考察其元素的公共属性？

老师：近代数学家发明了概率推理和统计推理，以弥补传统归纳推理的缺陷，这些将在后续内容中学习。掌握科学的方法比掌握知识还重要。

王茹怡：老师和家长经常以我们同在一个教室，相同的老师，同样的作息，智力相当，推断出我们应该有同样的成绩，这是否也是归纳推理？

老师：人们经常认为，A 具有 a、b、c、d，B 具有 a、b、c，所以 B 也具有 d。这就是所谓的**类比推理**。类比推理属于合情推理，但也是似真推理。

王茹怡：我明白了。他们运用的推理看似合情合理，但认知结果不一定正确。这也是他们失望的原因之一。

过程旁白
GUOCHENGPANGBAI

由于两类不同对象具有某些类似的特征，在此基础上，根据一类对象的其他特征，推断另一类对象也具有类似的其他特征，我们把这种推理过程称为**类比推理**。类比推理是两类事物特征之间的推理，人们在认知过程中经常运用类比推理进行判断、预测、比较等。

类比推理常让人闹出东施效颦的尴尬。例如，家长听说某些学生使用平板电脑学习，于是不甘落后也给孩子买平板电脑，孩子却用平板电脑看小说、动漫，结果学习一落千丈。在教育心理咨询过程中发现，类比推理也是错误观念形成的根源之一。人们推崇心理认知疗法，首先要明确使用合情推理导出的结论可能非真，再澄清合情推理带来的认知错误，以便校对自我认知。

延伸分析
YANSHENFENXI

儿童在对集合与元素的认知过程中，反映出幼儿能根据某些对象的特性，获得一类对象所具有的公共属性。如母亲乳头、奶瓶瓶嘴、手指等是类似形状的物体，也即具有**归纳推理**的萌芽。另外，儿童还会根据两个或两类对象具有部分属性相同，认为它们的其他属性也相同，例如，儿童根据小猫、小狗等动物与人的公共属性，推知这些动物也会说话，也即具有**类比推理**的萌芽。

教育启示
JIAOYUQISHI

归纳推理和类比推理统称合情推理，合情推理虽具似真性，但能使儿童具有丰富的想象力、好奇心和求知欲。儿童很小就会用合情推理认识世界，但因这类推理的过程具有合情性，结论具有似真性，以此得到的结论容易被固化，所以人们的观念中难免存在错误认知。即便实践告诉人们这些认知的非合理性，也会成为难以接受的事实。因此，当幼儿攀比心出现时，合情推理即已萌生，这也是孩子任性的根源与开端。

第六节 警惕演绎推理中的不合理理念

心理导读：知识从来没有离开人们的思维，学习时既要掌握知识的内涵，更要与自我意识体验相联系，才能做到活学活用。

回味生活
HUIWEISHENGHUO

在我小的时候，母亲经常说我认死理，而我却总感到自己理直气壮。当自己有了孩子才明白，当我拒绝他们的要求时，他们不仅比我当年还理直气壮，甚至还会阳奉阴违，以达到他们的目的。每每和孩子斗嘴，儿子是毫不相让，女儿则是风言冷语。我从事教育心理咨询后，亲子间因何出现这类情况，成了我不懈探究的课题。在众多的咨询案例中，我这个"旁观者"逐渐明白，"理"从何来？这才是最该解决的问题。

基本常识
JIBENCHANGSHI

不完全归纳推理和类比推理属于合情推理，也是似真推理。在人们的认知过程中，它们具有极大的蛊惑性。若由此得到的结论明明是错误的，也难以被否定，甚至是固执己见。例如，儿童以这种合情推理得到"他们都有，我也要！""凭什么某某有，我没有？"的结论，形成攀比心理，也是孩子达成欲望的理由。事实上，青少年乃至成年人也会如此。

任性的孩子自有任性的理由，这个理由常常源于他们的似真推理。若家长或老师只关注孩子要求的不合理性，不关注要求形成的内在认知过程，可能会认为孩子**任性**。因为似真推理是由已知猜想未知的认知途径，也是发现问题、创新思维的工具，故此，绝不可盲目压制孩子的任性，扼杀孩子似真推理的天赋。但是，面对孩子通过似真推理得出的错误认知，家长或老师只注意到推理的合情性，忽视认知结果的非真性，默认孩子的认知，也可能使孩子形成错误观念，或养成任性的习惯。

在孩子教育过程中，由于合情推理的蛊惑性，很难否定孩子得出的错误认知，甚至还会被孩子的合情推理驳倒。对于孩子由此产生的错误认知，尽量不要粗鲁否定，可借此帮助孩子分析合情推理的过程与原理，找到产生错误认知的根源，或以诸多反例提醒孩子反思。

集合概念的形成离不开推理，同时，集合又是推理产生的基础。纠正错误认知有时还得回到认知的起始处——集合。

访谈案例
FANGTANANLI

王茹怡同学经过第一次学习心理辅导，认识到很多自我观念源于不完全归纳推理和类比推理。她认识到这类合情推理的似真性后，开始关注自我观念正确与否。并且意识到与家长、老师和同学间的交流，是印证认知正确与否的重要途径。第二次找到许老师做学习心理辅导。

交流摘要
JIAOLIUZHAIYAO

王茹怡：我小时候很任性，妈妈常说我是"情理兜子"。总认为自己正确，他人不对，现在明白了情理是怎么来的了，想来那时怪可笑的。

老师：儿童除掌握归纳推理和类比推理外，还能清楚地知道类似于"我的东西是我们家的东西"这样的推理。即我们家的东西构成集合 A，我的东西构成集合 B，集合 B 中的任意元素都属于 A。即 B 是 A 的子集。

王茹怡：哦。集合的包含关系也是人们认知推理的原理。

老师：利用集合包含关系的推理属于**演绎推理**。演绎推理过程常表现为三段论的形式。即大前提：若 A 是具有属性 p 的所有元素构成的集合，小前提：B 是 A 的子集，结论：集合 B 中任意元素 x 都具有属性 p（或者说 x 属于 A）。例如，当人们看到孤儿时，不自觉地会做出如下判断：每个人都有妈妈（大前提），那些孤儿也是人（小前提），孤儿也有妈妈（结论）。

王茹怡：这点我明白。在解题过程中，许多情况下课本上的公理、定理、公式、原理等，就是解决习题的大前提，习题中的条件就是小前提。

过程旁白
GUOCHENGPANGBAI

演绎推理是从一般到特殊的推理，推理的正确与否首先取决于大前提的正确与否，如果大前提错了，结论自然不会正确。例如，大前提：马是食草动物，小前提：鹿是吃草的，结论：鹿就是马！这个推理过程完善，但鹿构成的集合 B 不是马构成的集合 A 的子集，所以结论也是错误的。

　　由于合情推理和演绎推理被自我长期运用，而成为下意识的内在行为，使用时常常不被意识察觉。故此，自己知道认知是错误时，也不清楚为何有如此认知。例如，"头发长见识短""东施效颦""指鹿为马"等错误认知，往往源于人们的推理。特别是，演绎推理使思维具有严密性，广泛地应用于生活与学科学习之中，若演绎推理出现错误，让人更加难以察觉。在教育过程中或使用心理认知疗法中，要特别关注推理使用是否得当。

延伸分析
YANSHENFENXI

　　婴幼儿及许多动物都有集合的概念，以及归纳推理、演绎推理和类比推理的萌芽，个体掌握的知识许多情况下源于间接的推理。也就是说，没有脱离人们意识而独立存在的知识，也没有离开知识而存在的意识。狭义的认知心理学试图通过与计算机相类比、模拟、验证等方法来研究人的认知过程，以此揭开人的认知规律。

　　但是人们的认知伴随着情绪或情感产生，情绪与情感具有促进与阻抗认知的作用，使学习者或教育者不能把学习变相为计算机的开发应用。脱离人们的意识体验，造成知识与实践经验、情感体验、意志体验的脱节，往往使知识学习变得枯燥无味，甚至失去学习的动力，或形成学习障碍。

教育启示
JIAOYUQISHI

　　在人们的认知活动中，运用不完全归纳推理难免产生以偏概全的认知，运用类比推理又易形成不合理的结果。二者的反复使用会使许多认知固化，若这些被固化的不合理观念再被作为演绎推理的大前提，还可能导致逻辑思维的错误。故此，古人叹曰：人非圣贤，孰能无过！

因此，教育者要关注孩子在生活实践中，通过不完全归纳推理、类比推理形成的观念正确与否，以及孩子运用演绎推理时所使用的大前提或小前提是否客观、真实、正确。了解这三种推理原理，有助于教育者理解孩子的内心所想合理与否，恰当、及时地给予指导。

第七节　谨防合情推理导致负面情绪

心理导读： 人们经常因无法判断思维的合理性，或因某些原因不接纳或不情愿接纳正确的认知，导致出现心理障碍。

回味生活 HUIWEISHENGHUO

在日常生活中，自己的心爱之物被人损坏了，自然会闷闷不乐。当有一天发现，那个物件被损坏后，自己又有了新的比原来更好的物件，开始庆幸旧的不去新的不来。遗憾的是，当初并没有如此想，而纠结数日。

事实上，关于心情不好的问题，我们可以做出多种归因，并且还会发现对同一事件的不同认知，可能会产生不同的情感体验。当我们心里烦闷时，找朋友聊聊天，谈谈自己对所遇事情的认识，在朋友的启发下换换思路，有时候会立刻心情开朗。

基本常识 JIBENCHANGSHI

合情推理与演绎推理广泛应用于日常生活、学科学习、科研、工作等诸多方面，甚至成为人们的自动思维，也就是不自觉地使用各种推理。同时，学科知识与方法及学科学习形成的观念，也会影响人们对日常问题的思维判断，成为认识现实生活的理论与方法。

归纳推理、类比推理和演绎推理是人们常用的认知方式，由于三者均有可能导致谬误，所以人们的认知活动必须遵循"从实践到认识，再从认识到实践"的过程。实践是认知的来源与动力，认知是获得真理的内在方法，实践是检验真理的标准，实践也是认知的目的和归宿。

美国临床心理学家阿尔伯特·艾利斯（Albert·Ellis）认为，情绪是伴随着人们的思维而产生的，情绪上或心理上的困扰是由于不合理的、不合逻辑的思维造成的。艾利斯的观点无可非议，关键是人们经常因无法判断思维的正确性，或因某些原因不接纳或不情愿接纳正确的思维，导致出现心理障碍。

访谈案例
FANGTANANLI

继续回到许老师与王茹怡同学的学习心理辅导，并介绍一种判断思维合理与否的方法。

交流摘要
JIAOLIUZHAIYAO

王茹怡：自上高中后看到妈妈伤心，我就下意识地自责，总认为是我成绩不好才让她这样的。妈妈也时常宽慰我说，伤心不是我的原因，但我总感觉妈妈在骗我，妈妈越这样说我就越内疚。

老师：妈妈面对"女儿成绩下降"这件事，她可能产生哪些想法呢？

王茹怡：她可能感到心血付之东流、担忧我的未来、太丢面子、怀疑我学习不专心、怕我经不起打击、懊悔我没能进入更好的班级，等等。

老师：你分析的多为负面认知。妈妈还可能感到：需要和女儿分析下降原因、女儿经历挫折未必是坏事、鼓励女儿面对困难、寻找提升成绩的方法，等等。

王茹怡：妈妈若像您说的那样想，就不会伤心了。

老师：所以艾利斯认为，情绪是伴随着人们的思维而产生的，情绪上或心理上的困扰是由于不合理的、不合逻辑的思维造成的。

王茹怡：怕她不会那样想。

老师：把妈妈因你成绩下降可能产生的所有心念看作集合 A；可能使妈妈伤心的所有心念看作集合 B。你和妈妈分别写出这两个集合后，再把 A 与 B 中所有的元素看作一个集合，也即得到 A 与 B 的并集（记作 $A \cup B$）。你从 $A \cup B$ 中可以发现"妈妈伤心你自责"的必要性有多大。

王茹怡：我明白了。集合 A 与集合 B 的所有公共元素构成的集合，也即 A 与 B 的交集（记作 $A \cap B$）才是"妈妈伤心我自责"成立的条件。

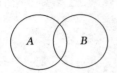

过程旁白

认知心理学认为，认知是行为和情感的基础，错误认知和观念是导致情绪与行为问题的根源，若这些观念和认知得以纠正，即可改变不适应的情绪与行为。认知行为治疗就是建立在这一原理上，并教会求助者一些适应环境的技能，以帮助他们改善不良的情绪和行为，达到消除负面情绪和行为的心理疗法。

人们的许多观念源于不客观的感性认知，感性认知多与认知习惯、情感、意志、心理防御、环境等因素有关。在此，根据学生所学的集合理论，给出了改变感性认知的理性方法。

延伸分析
YANSHENFENXI

集合的包含关系有时也称作命题，**命题**就是能判断真假的语句，如"女儿成绩下降""妈妈伤心"就是最简单的命题，那么"若女儿成绩下降则妈妈伤心"是"若 P 则 Q"形式的简单复合命题，只有集合 P 是集合 Q 的子集时，"若 P 则 Q"为真命题。或者说：如果假设具备特性 p 的元素构成的集合为 P，具备特性 q 的元素构成的集合为 Q，当 $P \subseteq Q$ 时，"若 P 则 Q"为真命题。

交流摘要
JIAOLIUZHAIYAO

老师：在"A：我成绩下降 $\Rightarrow B$：妈妈伤心 $\Rightarrow C$：自责（内疚）$\Rightarrow A$：我成绩下降"的认知怪圈中，显然"若 A 则 B"与"若 B 则 A"都是假命题。另外的"若 B 则 C""若 C 则 A""若 C 则 B"与"若 A 则 C"是否也是假命题？

王茹怡：仿照"若 A 则 B"的判定方法，可知另外的五个命题也非真命题。可我为何认为妈妈伤心一定是因为我？

老师：看到你成绩下降，妈妈因产生负面认知而伤心，并且她的伤心对你形成较强刺激。这种刺激反复出现后，形成了条件反射，也即自动思维，致使你见妈妈伤心就触景生情，不自觉地自责（或内疚）。

王茹怡：第一次成绩下降，她和我谈了好长时间，埋怨我辜负父母的期望、学习不努力等，说着说着她就伤心落泪。见我成绩继续下降，她由伤心变成愤怒，后来又由愤怒转为叹气。我也养成见她伤心就愧疚的习惯。

过程旁白
GUOCHENGPANGBAI

在现实生活中，人们避免不了对事物进行判断与抉择。准确的判断，正确的抉择，可使人无怨无悔。但在更多的情境下往往是合理不合情，或者是合情不合理，或者是既不合情也不合理。作出合情合理的判断或抉择绝非易事，人常为此而懊恼、不安、焦虑或郁闷。

延伸分析
YANSHENFENXI

自动思维是无意识的、自然而然的、无须意志努力的思维。它具有简捷性、直觉性与似真性，常让人们产生错误的认知，而陷入尴尬或意识漩涡，出现兴奋、内疚、懊恼、焦虑、躁郁、恐惧等情绪反应，甚至导致焦虑症、抑郁症、强迫症、恐惧症等。如本案例中的三个事件（或称集合）A、B、C 间只具有相关性，并非因果关系。该生"由 B 到 C"及"由 A 到 C"的过程，均属于典型的自动思维，并成为该生愧疚、焦虑的诱因之一。

人们的大脑常被自动思维充斥，有时它让人自娱自乐，有时它让人莫名其妙地伤感，有时它带给人灵感……人们的生活离不开自动思维，但因自动思维易产生负面认知，故须予以觉察或纠正，防止危及正常心态。

A：我成绩下降 ⇄ B：妈妈伤心

C：自责（内疚）

认知怪圈

交流摘要
JIAOLIUZHAIYAO

王茹怡：今天老师让我有所释怀。但愿再见到妈妈伤心我不再愧疚了。

老师：每个人伤心或快乐时均有向人倾诉或期望理解的心理倾向。你与妈妈不论谁伤心时，都需要有人理解或倾听。见妈妈伤心时，主动和她聊聊天，了解引起她伤心的原因，这既可打消你习惯性的自由联想，减轻你的愧疚感，还可让她的情绪得以宣泄，减缓内心的伤感。

王茹怡：自上高中后和妈妈交流变少，双方都有陌生感了。您的建议很好，我回去试试。而且，也可能发现妈妈因为我的现状而自责。

老师：是呀。妈妈也会产生"A：妈妈没当好$\Rightarrow B$：孩子成绩下降$\Rightarrow C$：自责（内疚）$\Rightarrow A$：妈妈没当好"的恶性循环。你可用今天学到的方法，帮妈妈改变不合理认知，让她从愧疚感中走出来。同时，还要养成遇到问题时，首先思考如何解决问题，寻找解决问题的方法，而不是自责或内疚的习惯。

过程旁白
GUOCHENGPANGBAI

像"女儿成绩下降则妈妈伤心"，客观上是人之常情，也就是站在情感角度看似是真命题，而站在理性角度看则可能是假命题。

在现实生活中，我们经常使用一些模糊的感性推理，导致出现负面结论而产生负面情绪。因此，面对负面情绪，使用理性思维是必要的。

延伸分析
YANSHENFENXI

由集合的包含关系形成的演绎推理，可以帮助人们分析、判断和检验思维的合理与否，减轻负面情绪的困扰。这要求人们以命题的形式呈现思维中的问题，弄清条件集合与结论集合中的组成元素，了解两个集合的相互关系，实现自我在理性上纠正错误的认知，接纳新的、正确的认知。

教育启示
JIAOYUQISHI

许多不合理思维与理念形成于儿童时期，有的在大脑中存在了几年甚至几十年，要想感性上默认或情感上接纳新的认知，还需在人际交流或实践活动中逐渐磨合，消除负面情绪的困扰并非易事。

另外，人们都活在两个世界里，一个是客观现实世界，另一个是内在心理世界。两个世界的和谐统一，取决于人们对客观世界的内在认知正确与否。由于人们的内在认知具有间接性，时常因认知的错误导致与环境的矛盾。推理是间接的认识客观世界的重要方式，引导学生反思推理的方式、方法和过程，掌握推理要领在学习与生活过程中至关重要。

第八节　心理空间与心理事件的演变

心理导读：防止一意孤行的关键是莫忘心中有个补集。

回味生活
HUIWEISHENGHUO

在我上小学的时候，高玉老师是我最敬佩的老师。他每次上课前十几分钟，时常会根据同学们中出现的现象，通过讲故事、讲道理对我们进行做人教育。在生活上对我们的关心更是无微不至，头发长了他给我们理发，哪个学生若有点身体不适，他也会嘱咐父母如何照顾孩子。其他班级的学生经常和老师对着干，我们班则没有出现这种现象。

可是，有一天班里几个同学对我说，放学后既要回家干活还要做作业，实在是太累了，他们想效仿成年人给老师写个"大字报"，争取老师减少作业。我当即表示不参与，他们却说我是班里学习最好的，要是我也参与，老师就更容易承认作业多。我被他们说动了心，于是，我们几个同学在高老师上课前，在黑板上一个人写一笔，凑出"作业多了压死人"几个字。

高老师看到我们写的"大字报"，并没有为之所动，只是淡淡地一笑，一如既往地开始上课。他没有追究我们，也没有因此而减少作业，似乎这件事没有发生过。现在想来，在那个年代，高老师谅解了一群不怎么懂事的孩子的行为。以他坚定的信念，没有让我们放弃对知识的追求，一如既往的作业也没有压垮任何一个学生。可是，这几个字倒像一块石头至今还压在我的心头，每每想起此事，内心就会充满愧疚，以及对高老师的敬意。

在此后的生活中，我遇到过各种内疚的事，唯有这件事最难以释怀。但这并不说明，我心中没有比此事更烦闷的事，只是想起童年的往事，此事就能压抑住心中的其他事。许多我们曾经的经历，会在心中留下难以磨灭的记忆。每当回首往事，过去经历的事件依然会历历在目。这一连串历历在目的事件，在我们心中编写出自我人生的连续剧。

基本常识
JIBENCHANGSHI

当某个刺激信号传输至脑神经，可能导致一个或若干个心念（或者说想法）产生，形成对刺激信号的分析，也即认知过程。一般来说，认知结束后最终会出现唯一一个认知结果，这个结果通常是由一个或多个相对独立的心念构成的有机整体。在此把认知结果或心理经验称为**心理事件**。

由于对某个刺激信号的认知，事先不能断定会出现怎样的心理事件，只有在认知结束后才知道，因此，心理事件是随机事件。大脑每次认知过程都是一次随机试验。

当某个刺激信号传输至脑神经，所有可能产生的相对独立的心念构成一个集合 Ω，在此把这个集合 Ω 称为**心念空间**，其中的心念叫作**基本心理事件**，任意两个基本心理事件形成匹配、融合和相斥关系。显然，心理事件就是心念空间 Ω 的子集。

一般来说，某个刺激信号传输至正常人的脑神经，所形成的优势兴奋灶就是一个心理事件。也就是，刺激信号引起认知活动后，必然有一个心理事件 A 发生。因为心理事件 A 是心念空间 Ω 的子集，任意的心理事件 A 发生，也就是心念空间 Ω 发生，即心念空间 Ω 是一个必然事件。

在特定的认知活动过程中，心念空间 Ω 是个虚拟的"临时性容器"。心念空间 Ω 的基本心理事件，有的属于意识范畴，直接参与到认知活动；有的则始终处在无意识活动状态，不被意识所察觉；有的能从无意识活动中分析出来，而进入意识范畴。但不论哪种状态下的基本心理事件，均对心理事件的形成起到促进或阻抗作用。

随着心理活动的延续，任何心理事件都是动态的。也就是说，在某一时刻，构成心理事件 A 的基本心理事件是确定的；在下一时刻，构成心理事件 A 的基本心理事件会发生变化，使心理事件 A 演化为心理事件 B，心理活动过程就是由心理事件系列变化的过程。

♥ 访谈案例
FANGTANANLI

王茹怡同学经许老师的辅导，回家后和妈妈做了一次交流，并用学到的数学合理情绪疗法原理，跟妈妈分析认知怪圈的形成过程，两人达成了许多共识，倍感释怀。她第三次找到许老师做学习心理辅导。

交流摘要
JIAOLIUZHAIYAO

老师：你成绩下降是平日学习造成的必然结果。这个结果出现后，心中所有可能产生的心念构成一个心念空间 Ω，最终出现的是其中若干个心念构成的子集——心理事件 A。在这个心念空间 Ω 中所有不属于心理事件 A 的那些心念也构成一个集合，这个集合叫作 A 的补集（记作 $\complement_\Omega A$ 或 $\overline{A}$），即概率论所说的心理事件 A 的对立心理事件。

王茹怡：明白，您说的心念空间 Ω 在数学中也称为全集。面对成绩下降的刺激，我以前构成心理事件 A 的全是消极的心念（基本心理事件）。如丢面子、内疚自责、活着真难、努力白费、担心前途、怀疑天赋、放弃考学、逃避现实、躲在家里、上网或看小说等，差点去自杀。

老师：但在你的 $\complement_\Omega A$ 中，存在着不甘心、总结原因、修正学法、走出低谷、从头再来、再拼搏、比上不足比下有余、寻找新的出路等基本心理事件。虽然，这些基本心理事件有的并未参与到心理事件 A，但在无意识中阻抗着心理事件 A 的形成，致使你并非轻而易举地制造出心理事件 A。

王茹怡：老师是说，心念空间 Ω 中存在的，但未在意识中出现的并非不影响心理事件 A。若让 $\complement_\Omega A$ 中再至少出现一个心念，即可改变心理事件 A。就像这次和妈妈谈话后，改变了我许多认识，结果消除了原来的心理事件 A 的影响，建立了新的心理事件 B，使我不再那么自责、失望了。

老师：对。从理论上看，任何心理事件 A 的形成，因 $\complement_\Omega A$ 中基本心理事件在无意识中活动，使心理事件 A 具有动态性和瞬时性。若善于开发利用 $\complement_\Omega A$ 中基本心理事件，很快会平息心理事件 A，建立新的心理事件 B。

王茹怡：明白。防止一意孤行的关键是莫忘心中有个补集。

过程旁白

人们常说命运在一念之差中改变。心念空间中的一个心念介入某个心理事件，它就会随之发生演变。甚至是一觉醒来构成心理事件的某个心念被淡化或淡忘，这个心理事件也会出现转机。心理过程就是身心与外界相互作用下，动态的心理空间中心理事件连续发生、变化的过程。

若某心理事件长期停留于心，有可能会成为心理障碍。常说换个角度思考，就是让没参与到该心理事件的心念进入到该心理事件中，使其发生演变，从而消除因此造成的心理障碍。

延伸分析
YANSHENFENXI

通过设想特定刺激，个体可以在假想状态中表达出自我心念空间的部分基本心理事件，并且在静心、暗示、启发、激发下表达出更多的基本心理事件，显示出个体的发散思维，体现出个体的足智多谋。面对内心大大小小、悲悲喜喜的心理事件，善于利用心理事件的补集，控制心理事件向着良性方向演变，这是人生智慧的体现。

教育启示
JIAOYUQISHI

人们经常在特定刺激引起的认知结束后，还可总结出更多能意识到的基本心理事件，列举出若干个可能形成的心理事件，也即所谓的事后诸葛亮，或者说亡羊补牢。但不容否认，事后的分析总结，可激活心念空间中更多基本心理事件，使其进入意识的范畴，以提高对刺激的应对能力。这也是人们学习与训练的可行性、必要性所在。

虽然在真实的特定刺激下，心理事件出现前具有不可预测性，但出现怎样的心理事件还是与个体的个性、经验、知识、预想、训练、习惯、心态、体质、环境等因素相关。例如，经历过消防训练与未经训练的人，面对火灾时出现的基本心理事件大相径庭。即平日常被激活的基本心理事件，在相应刺激下最容易出现，这正是心理健康教育的必要性所在。

第九节　从命题到观念澄清

心理导读： 做任何事情不论成败，做完之后只要想到还有更远大的理想目标，眼前面临之事也会自然看淡，心才能宁静下来，方可专心致志地完成眼前之事。

回味生活
HUIWEISHENGHUO

在我们家乡，若被人指责说出的话不精准，就会辩解道："人总不能'标着墨线说话'呀。"在现实生活中，我们说出不精准的话，若遇到较真的人，就会为某句话争执起来。许多情况下，我们所说的许多话，并不是要求严格、逻辑精准的，能表达出基本语义即可。语言是思维的工具，不精准的语言不仅容易引起人与人之间的误解，也可能导致思维的障碍，使自己陷入烦恼之中。

基本常识
JIBENCHANGSHI

通常把能判断真假的语句当作命题，像"今天下雨"的语句是最简单的命题。关于命题的真伪，经常引起我们判断上的混乱，例如，由"下雨一定阴天"是真命题，很容易得出"阴天一定下雨""不下雨一定不阴天"和"不阴天一定不下雨"的判断。澄清这类判断的真伪，还需了解中学数学中的四种命题。

类似上述的判断也经常运用到人际关系之中，例如，因为我学习好，妈妈高兴；妈妈高兴，因为我学习好；因为我学习不好，妈妈不高兴；妈妈不高兴，因为我学习不好。这类看似顺理成章的判断，却常常引起我们内心的纠结。如何澄清这类判断的真伪，关系到我们可否降低内心纠结的烦恼。

访谈案例
FANGTANANLI

再回到许老师与王茹怡同学的第三次学习心理辅导。

交流摘要
JIAOLIUZHAIYAO

老师：心中有个补集意识很好，在人们难以自拔时，提醒自己变换思考角度、辩证分析，避免陷入不良意识的泥潭。

王茹怡：我为了维持自己在他人心目中的形象，经常因自己失言或失态懊恼。爸爸常劝我看淡眼前的名利、得失，我也以**"淡泊明志，宁静致远"**勉励自己，可就是做不到，时常被眼前的是是非非所困。

老师：你是否思考过，诸葛亮为何在《诫子书》中宁愿说**"非淡泊无以明志，非宁静无以致远"**，而不去说**"淡泊明志，宁静致远"**吗？

王茹怡：是呀，为何放着简洁明快的不用呀？

老师：若具有属性"p：淡泊"的心理事件记作 A，那么 A 的对立心理事件 $\overline{A}$ 具有属性"$\neg p$：非淡泊"，如图中阴影部分。若"非淡泊无以明志"为真命题，那么具有属性"q：明志"的心理事件 B，只可能是 A 的子集，即"若 p 则 q"是假命题，也即淡泊未必明志。

王茹怡：老师，我明白了。心理事件 B 的对立心理事件为 $\overline{B}$，若"非淡泊无以明志"是正确的，那么 $\overline{A}$ 是 $\overline{B}$ 的子集，即"$\neg p$ 则 $\neg q$"是真命题；又因 B 是 A 的子集，所以"若 q 则 p"才是真命题，也即**"以明志而淡泊"**。

老师：这里涉及命题的四种形式。原命题：若 q 则 p，以明志而淡泊；逆命题：若 p 则 q，以淡泊而明志；否命题：若 $\neg q$ 则 $\neg p$，非明志无以淡泊；逆否命题：若 $\neg p$ 则 $\neg q$，非淡泊无以明志。

通过集合的包含关系，可知原命题与逆否命题是等价命题，逆命题和否命题是等价命题。

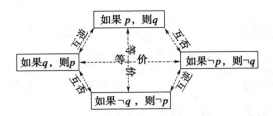

王茹怡：我在许多情况下，把互逆的两命题习惯性认为同真。看到他人不高兴就认为自己做错了什么，纠缠于生活琐事之中。

老师：人们之所以时常纠缠于生活琐事之中的问题，可回到"非淡泊无以明志"的等价命题"以明志而淡泊"来解决。

王茹怡：我之所以对生活琐事耿耿于怀，正说明我的志向不明确。现在知道了，因为有明确志向、明确目标，方可主次分明，清楚该想什么、不该想什么，该干什么、不该干什么，这样才能自然而然地淡泊。

老师：当目标即将实现时，或努力即将成功时，或希望即将满足时，你会有怎样的心情？

王茹怡：兴奋、激动、紧张、不安、担心、恐惧、期盼，反正难以宁静。

老师：心不安静的状态下，能否顺利地、善始善终地把事情做好？

王茹怡：心不宁静，出错的可能性会增大，很容易功亏一篑。

老师：所以诸葛亮在"非淡泊无以明志"后面，随即告诫孩子"非宁静无以致远"。你能否说出"非宁静无以致远"的等价命题？

王茹怡："非宁静无以致远"的等价命题是：**以致远而宁静**。

老师：这对你有何启发？

王茹怡：做任何事情不论成败，只要想到还有更远大的理想目标，眼前面临的事情也会自然看淡，心才能宁静下来，方可专心致志地完成眼前之事。

过程旁白

GUOCHENGPANGBAI

人们经常执着于当前意念，拘泥于某种思维方式。有时被名利欲望所困，有时被不确定因素所扰，有时被百思不得其解所累，有时被眼前事物所惑……致使想恬淡释然并非易事。

许多散淡之人，游手好闲，胸无大志，也能做到不计得失、淡泊名利。被虚荣心或功利心所困之人一味地劝其淡泊，而其又无志向或志向不明确，所以劝说难以改变他的不良心态，效果实属不佳。

在现实生活中，人们易混淆命题的等价关系。例如，两位好友间产生误解，对方不高兴，若再次见面他还不高兴，分别形成"他误解我，他不高兴"与"他不高兴，他还误解我"两个互逆命题。若前者为真，但后者并非真，可人们感觉上两命题同真，会再次造成"我误解他"的事实。解决感觉上的错误，可用换位思考法，如"我误解他，我不高兴"与"我不高兴，我还误解他"也互逆，在体验中明确两者并非同真，以此避免带来新误解。

常言道：大丈夫不拘小节。这是说不在乎与大志或大目标无关的小事，或者说无暇顾及这些无关的小事。提高实现大志或大目标的紧迫感，方可践行"有志者事竟成"，自然会淡泊琐事，也即**以明志而淡泊**。这凸显出教育中"立志"的重要性，也告诉人们如何突破琐事的羁绊。

若过度扩大近期目标在人生中的重要性，会导致难以有宁静的心境。例如，把眼前考试或竞争与生存、前途和荣辱相联系，就会产生焦虑、兴奋、激动、紧张、不安、担心、恐惧、期盼等负面情绪，甚至诱发失眠、神经症等。如诸葛亮《诫子书》所言："夫学须静也。"心若不静就难以专心致志地学习，即便有远大志向，也会应验"非宁静无以致远"。

延伸分析
YANSHENFENXI

集合论中的补集思想，也称一分为二，或称逆向思维等。在命题的真假判定中，由于补集思想与逻辑中的否定之否定、归谬法、排除法等方法有关，这不仅是重要的数学思想之一，更是生活中不可缺少的思维方法。补集思想对于纠正人们的错误认知，改善负面情绪具有重要的价值和意义。

许多人认为数学就是数学，即便生活中有数学也是数或形间的关系而已。其实这种认识不怪数学，要怪就怪自己，是自己最初接受的观念给数学画地为牢。即便数学为了自由不停地呐喊，你也不愿听，因为人们希望自己被认可，而不愿被否定，何况是自我否定。

教育启示
JIAOYUQISHI

在教育过程中，许多人不仅把数学禁锢，对其他学科也会如此。运用各学科知识或方法，澄清生活中的观点正确与否，不仅能促进科学世界观的形成，还可以调适心理以更好的心态面对生活，让各学科均成为接世之学。观念有时比知识更重要，在知识传授过程中，要重视将知识升华为观念。

诸葛亮的《诫子书》具有深刻的人生哲理，也为人们留下了教育与心理辅导的重要方法。"非淡泊无以明志"或"以明志而淡泊"，阐述了调适心态的大小关系；"非宁静无以致远"或"以致远而宁静"，阐述了调适心态的远近关系。当学生产生不良心境时，尽量不要过度责怪学生不能看淡眼前的得失，或过度强调学生专心学习的重要性。要帮助学生树立正确的人生观、世界观。

第十节 掌握简单逻辑避免走入认知误区

心理导读：人们经常看到他人学习时心态宁静，学习专注，学习效率高，即认为学习必须先静心，这是一个认知的误区。

回味生活
HUIWEISHENGHUO

有位性格强势的学校领导，在和老师们探讨教学时，讲了很多教育原则，可谓头头是道。没想到的是他的同事说了一句："您讲得非常在理，希望您当班主任并任课，也好让我们领教领教您的教育风采。"当时就让这位领导尴尬无语。类似这样的事，在家庭中也时有发生，有位家长对我讲："孩子我是管不了了，她竟然说：'爸爸，您整天教育我，当初您怎么就没有考上大学呢？'"在现实生活中，我们劝导或教育他人时满口哲理，当事情发生在自己身上，照样会难以落实。

家长、教师和心理工作者面对青少年学习中存在的问题，一般是言教多于身教。事实上，中学生的学习动力、学习方式方法、志趣爱好、发展趋向等，基本上是来自他们对自己现实生活的感悟或认知。教育者的灌输只能起到影响作用，而非决定性作用。如果教育者试图通过说教，扩大其教育对中学生的影响力，也就难免招致类似上述的尴尬。

基本常识
JIBENCHANGSHI

"以明志而淡泊，以致远而宁静。"这是降低眼前烦恼的钥匙，也是激励青少年踏上人生征程，成为接世之才的金玉良言。若淡泊不利、宁静不得，谁都清楚"非淡泊无以明志，非宁静无以致远"的含义，这也决定了在事业旅途上能走多远。因此，明志、致远是教育的主题之一。

然而，当今教育依然摆脱不了"考、考、考，领导的法宝！分、分、分，学生的命根！"这一准则。明志是眼前的"分"，致远是面临的"考"。成绩的排名成了学生、教师和家长脸上的阴晴表。如此教育，致使师生关系、亲子关系紧张，学习压力也无限制地增大。若遇到学习上的挫折，学生难以平静心态，学习效率更加低下，甚至造成学习障碍。

❤ 访谈案例
FANGTANANLI

王茹怡同学第四次找到许老师做学习心理辅导。

🎻 交流摘要
JIAOLIUZHAIYAO

王茹怡：后天又要月考了，我虽然不再像过去那样紧张不安，但看到班级紧张的气氛，心里说不出的难受。

老师：冰冻三尺非一日之寒。紧张度有所降低就是进步。你进入到学习状态，心自然就不再难受了。

王茹怡：我总想心静下来再投入到学习之中，但让心宁静实在很难。

老师："宁静方可学习"的问题，可从数学中的充分、必要条件来认识。

若设具备特性 p 的元素构成集合为 P，具备特性 q 的元素构成集合为 Q。在数学中，对于"若 p 则 q"的命题，通常 p 称作条件，q 称作结论。

1. 若 P 是 Q 的子集，则"p 推出 q"，称条件 p 是结论 q 的充分条件；

2. 若 Q 是 P 的子集，则"p 推出 q"，称条件 p 是结论 q 的必要

条件；

　　3. 若 $P = Q$，则"p 与 q 等价"，称条件 p 是结论 q 的充分必要条件。

　　现设"宁静"为条件，"学习"为结论。人在宁静之时未必学习；但进入学习状态时，心自然会宁静。即"宁静"是"学习"的必要不充分条件。

　　王茹怡：老师，这次我真的明白了。不论怎样的心态下，只要把注意力转移到学习上，当进入学习状态心自然会宁静。同样的，"淡泊"是"明志"的必要不充分条件；"宁静"也是"致远"的必要不充分条件。在生活中，要想淡泊先去明志，要想宁静先去致远，强行压抑自己并不可取，反而还可能适得其反。

　　老师：在概率论中，具备特性 p 的元素构成的集合 P 称为事件 P，具备特性 q 的元素构成的集合 Q 称为事件 Q。若当事件 P 发生时，事件 Q 一定发生，说明事件 Q 也已具备非 P 的因素，也即 P 是 Q 的子集。通过充分、必要条件，人们可以认识两个事件间的关系。

过程旁白
GUOCHENGPANGBAI

　　环境是影响心态的重要因素，即使认知改变也需在现实中检验。

　　人们经常看到其他同学学习时心态宁静，学习专注，学习效率高，即认为学习必须先静心，也即误认为宁静是学习的充分条件。因此认识到，学习前先努力压抑心中的杂念，使心态平静下来。但因这种压抑，会造成心念冲突。例如，"别再想"的心念与"依然在想"的心念形成冲突，不仅难以平静心态，还可能导致焦虑情绪。反而循序渐进的学习，心中杂念会逐渐被抑制，心也随之宁静，故此宁静是学习的必要条件。

延伸分析
YANSHENFENXI

每个事件的发生往往需要诸多因素，只有所需因素全部具备时，该事件才能发生。如《三国演义》中"欲破曹公，宜用火攻，**万事俱备，只欠东风**"，"东风"就是"火攻"这个事件发生的充分条件，显然"东风"构成的集合是"火攻"这个集合的子集。无"万事俱备"，有"东风"也无济于事。

教育启示
JIAOYUQISHI

人们即便获得新的认知，但情感上未必接受，固有观念也未必认同。例如，如果以"他误解我，他不高兴"为真命题，再次见时若他还不高兴，明知可能另有原因，但还是会认为"他不高兴，他还误解我"，在情感上再次造成"我误解他"。这种情况在生活中并不少见，误解不仅难以消除，反而还会加深。达到感性与理性的统一，还需在现实生活中磨合。

明志使人心如明镜，清楚自己的取舍；致远犹如眺望远方的曙光，不再盯着当下坎坷形成的阴影。千里之行始于足下，眼下所做之事应是脚踏实地地学习，努力实现远大理想，而非内疚、呻吟和彷徨。因此，理想教育是不可缺失的教育。

主要参考书目

刘全礼．教育咨询学引论——临床教育学之二［M］．天津：新蕾出版社，2009.

彭聃龄．普通心理学［M］．北京：北京师范大学出版社，2001.

梁宁建．心理学导论［M］．上海：上海教育出版社，2006.

任俊．积极心理学［M］．上海：上海教育出版社，2003.

隋君，等．青少年心理健康辅导［M］．沈阳：东北大学出版社，2015.

皮连生．教育心理学［M］．上海：上海教育出版社，2004.

车文博．心理咨询大百科全书［M］．杭州：浙江科学技术出版社，2001.

〔美〕奥姆罗德．教育心理学［M］．彭运石，等译．西安：陕西师范大学出版社，2005.

〔英〕朱莉娅·贝里曼，等．发展心理学与你［M］．陈萍，等译．北京：北京大学出版社，2001.

周宗奎．青少年心理发展与学习［M］．北京：高等教育出版社，2007.

〔美〕谢弗，等．发展心理学：儿童与青少年［M］．邹泓，等译．北京：中国轻工业出版社，2016.

申继亮，陈英和．中国教育心理测评手册［M］．北京：高等教育出版社，2014.

陈琦. 教育心理学 ［M］. 北京：高等教育出版社，2001.

〔美〕斯滕伯格，等. 教育心理学 ［M］. 张厚粲，译. 北京：中国轻工业出版社，2003.

彭立荣. 家庭教育学 ［M］. 南京：江苏教育出版社，1993.

〔美〕卡玛. 心理咨询师手记 ［M］. 北京：金城出版社，2010.

〔日〕吉沉洪，陶新华. 心理咨询师临床操作手册 ［M］. 重庆：重庆出版社，2008.

〔美〕科瑞. 心理咨询与治疗经典案例 ［M］. 石林，等译. 北京：中国轻工业出版社，2004.

〔美〕卢森堡. 非暴力沟通 ［M］. 阮胤华，译. 北京：华夏出版社，2009.

〔美〕津巴多，等. 津巴多普通心理学 ［M］. 王佳艺，译. 北京：中国人民大学出版社，2008.

孟昭兰. 普通心理学 ［M］. 北京：北京大学出版社，1994.

〔美〕杜兰德. 异常心理学基础 ［M］. 张宁，等译. 西安：陕西师范大学出版社，2005.

彭运石. 走向生命的巅峰：马斯洛的人本心理学 ［M］. 武汉：湖北教育出版社，1999.

沈政，等. 生理心理学 ［M］. 北京：北京大学出版社，1993.

〔美〕蒙洛迪诺. 潜意识：控制你行为的秘密 ［M］. 赵裕惠，译. 北京：中国青年出版社，2013.

高云山. 青少年心理健康 ［M］. 北京：人民军医出版社，2015.

〔美〕贝斯特. 认知心理学 ［M］. 黄希庭，等译. 北京：中国轻工业出版社，2000.

汪道之. 心理咨询 ［M］. 北京：中国商业出版社，2003.

霍欣彤. 弗洛伊德精神分析 ［M］. 海口：南海出版社，2008.

〔澳〕弗洛伊德. 精神分析引论 ［M］. 高觉敷，译. 北京：商务印书馆，1984.

　　〔美〕科瑞．心理咨询与心理治疗［M］．石林，等译．北京：中国轻工业出版社，2000.

　　施琪嘉．心理治疗理论与实践［M］．北京：中国医药科技出版社，2006.

后　记

在知天命之年，学校将我这个站了31年讲台、有着25年班主任工作经历、担任了20年数学教研室主任、获得心理咨询师证书的数学教师摇身一变，成了学校专职心理咨询师。拿领导的话说，我的工作将是为学生心理健康发展保驾护航。这个工作也给了我反思三十多年学生教育心理工作的机遇，为我创造了更广泛地深入研究学生问题的平台，使我有了一般教师没有的经历。

我的心理咨询工作开始之时，由于人们对心理咨询的忌惮，前来咨询的大多是我教过的在校学生、同事以及我教过的往届学生介绍来的学生及家长。这可能是因为在他们心目中，我还是过去那个老师，心理上不仅没有顾虑，而且认为帮助其解决心理困惑是我分内的职责。

但是，按照心理咨询的常规，心理咨询师应当避免给熟人做咨询。可现实就是这样，我不得不打破这个常规，究其原因无非是他们对我的信任。再说，大多数国人习惯于把心里话跟信任的人讲，心理咨询的这个常规似乎也并不适宜我国国情。

信任是无法抗拒的力量，我的工作就从熟悉的学生和同事开始了。我经常感到这个工作就像医生，该来的不能拒之门外，不来的也无强求的理由。拿心理咨询的行话说，知道学校有心理咨询师，来不来咨询取决于人们的心理需求。每天坐在办公室中等待着来访者，大有"姜太公钓鱼，愿者上钩"之感。

在开始的第一个学期，有时三五天无人问津，有时一天接待三五个来访者。进入第二个学期后，情况发生了极大的变化，学校原来唯一的心理教师外出学习半年，我一个人承担起学校有关学生心理方面的所有工作。

在这半年中，恰逢上级主管部门对学校心理工作的检查验收。为了迎接各项检查验收，我先培训了学校从各班抽来帮着组档的同学，再由这些同学指导各班同学填写个人心理档案。通过这次迎接检查验收，我全面了解了学校心理工作，也让学生了解了学校心理工作的内涵及职责。在后来的工作中，这些负责组档的同学又经培训均成了各班心理预报员。

自此之后，主动找我咨询的学生和家长多了起来，各种类型的案例也接踵而至。在咨询过程中，我经常根据来访者的实际情况开展工作：既有思想教育，又有情绪管理；既有学法指导，又有数学学习；既有兴趣培养，又有高考志愿填报；既有学生交际，又有亲子或师生关系；既有家长的学生教育，又有班级的学生管理。咨询内容从学生心理到学生生理，从学生学习到学生生活，从学校到家庭，经常超出心理咨询的范畴。

来访者的需求决定咨询的任务目标，我的咨询工作既不同于班级中的学生教育，又不同于社会上的心理咨询，咨询内容离不开学生的情感、学习、生活、择业、人际、学校、家庭、价值、道德、理想、理念等各方面的困惑。

在我的工作实践中，学生心理工作与教育融合为一体。这也使我认识到，世界上本来就无独立存在的事物，青少年心理工作本就属于育人工作的一部分，若把它从其他工作中剥离出来未必就正确。

　　学校咨询工作的特点，总算没有埋没了我多年的教育实践经验。我的工作与其说是心理咨询，不如说是教育心理咨询或学习心理咨询。基于工作的实际特点，我向领导建议将心理咨询室更名为"教育心理咨询室"或"学习心理辅导室"。

　　遗憾的是，当时国家承认心理咨询师的职业，没有教育咨询师的认证，更没有教育心理咨询师的界定。领导出于多方面的考量，并没有完全听从我的建议，心理咨询室被更名为"心灵驿站"，这可有点让我啼笑皆非。

　　"心理"与"心灵"的差异，"驿站"和"咨询"的区别，查查词典即可知晓，领导之所以这么做，说明领导并不十分清楚我的工作内涵。当然，也可能是领导见多识广，来了个"人云亦云"。名字就是名字，也无须过于纠结。让人们对学校或家庭教育心理工作有更深层的认识，还需要深入实践与不懈地普及。

　　按照当时心理咨询的界定，心理咨询主要针对正常人。我最开始接访的也是主动前来咨询的正常学生，当然也偶尔接访班主任引荐来的心理异常学生。随着咨询工作的深入，若干个被家长或老师看来"无药可治"的学生，在我的辅导下出现转机，不良心态或不良行为有所好转，学习成绩呈现出上升趋势。

　　我的咨询工作首先被部分班主任所认可，他们把更多心理异常而教育失效的学生，推荐给我以求给予帮助。在这些被动来访的学生中，许多个案在我三十多年的教学生涯中还闻所未闻，其症状在心理咨询教科书中也是难得一见。每个心理异常的个案，都关系着一个学生的前程，困扰着一个家庭。

　　每个个案均需要我细致地了解学生的内心世界，了解家庭与学校教育的背景，探究学生心理异常的成因；查阅许多相关资料，乃至咨询相关专家，探求解决学生心理问题的方法；研究心理异常学生的教育方略。每个个案都像一道难解的数学题，时常让我百思不得其解、寝食难安。每当我把疑似心理疾病的学生转介到相关治疗机构，内心都会产生对学校或家庭教育的沉思。

随着时间的推移，我接待的既有学生、家长、教师和领导的个体咨询，也有家庭或学校的团体咨询。我所面对的是学生的焦虑、抑郁、躁郁、狂躁、逆反、厌学等常见不良情绪，恐怖、强迫、多疑、自卑、自恋、孤独、失落、无助、嫉妒、迷茫等常见不良感受，以及学习、目标、人格、交际、睡眠等障碍性心理问题，许多问题并非一蹴而就。学校的三千多名学生之中，每周初次来预约的就有三四个学生或家长，来访者至少需要二至三次咨询方可解决问题，这就足以让我这个咨询师满负荷工作。

学生问题大多与其所受教育及所处环境相关，我所要回答的问题从学校到家庭面面俱到、千奇百怪，来访者就差把我当成教育、心理的百科全书。我在数学教学生涯中，当着学生面找不到解题方法的时候屈指可数，可在咨询工作开始的前两年里，却时常红着脸说："我也没有好的办法。"

记得某位来咨询的学生，谈起撒谎不脸红时曾说："要想脸不红，先练厚脸皮。"年过半百的我为了减少脸红，不得不厚着脸皮去拜师求艺、不耻下问，自费研修学习，通过各种渠道借阅、查阅相关资料。希望借助国内外相关研究，寻觅解决学生问题的方法，可是发现相关理论众多，能直接运用的方法却少之又少。

在我的教育心理工作中，为了解决所遇到的学生问题，经历了理论、经验和实践相互转化、相互交织的过程。在这个过程中，我带着学生、家长、同事和领导的期盼，得到了一些教育心理专家、心理咨询大咖的帮助，踏上了学习与探究教育心理工作的征程。同时，更加理解当今班主任和家长的无奈。

随着我的工作的深入，逐渐清晰地认识到学生问题的核心就是考试成绩。家长、学校和学生为了考试成绩而竞争，使我们的教育越来越骨感，以至于许多学生的心理变得弱不禁风。面对当前的学生问题，任何先进的西方心理咨询技术，也变得苍白无力。我的咨询工作转向了世界观、价值观、道德观、人生观等观念的教育，因为这是构成人生境界的基本要素，在当下及未来生活实践中最具指导意义，是丰富人之内涵、强大自我的精神食粮。

教育并不能只关注知识的掌握和应用，还要随着孩子的成长，不断地提升他们的人生境界。因为境界好比容器，境界越高容器越大，需要的知识也就越多，只有如此，孩子才能感到学无止境。以此可激发出其长久的学习动力，能够保持良好的学习状态。然而，这项工作的开展，需要的是教育者教育理念的转化，以及学生学习观的改变，更需要教育者与学习者在观念上的统一。

如果把孩子的知识学习、方法掌握和技能培养，仅局限在能在考试中获得良好的成绩，那么孩子的人生境界就难以得到升华。随着孩子的成长，他们阅历的日益丰富，若缺乏正确的世界观、道德观、人生观和价值观作为引导，关于社会人生的迷茫、困惑也就不断增强，也就增大了"空心病"发生的可能。

从我个人的咨询实践看，除学生的生理或客观因素外，许多学生的情绪问题，是跟家长或老师的观念相悖，或者是学生、家长和老师三者间的观念难以相互认同而形成心理压抑所致。因此，我的工作在众多情况下，就是帮助孩子、家长和教师统一观念或者帮助他们相互认同，在取得共识的基础上，建立起共同的努力目标。但是，人是社会中的人，教育系统是社会的子系统。孩子、家长与教师的观念，源于对社会的认知，由于各自的社会阅历、认识水平等差异，两代人之间在观念上存在代沟是正常的，做到三者观念间的认同并非易事。

从家庭教育到学校教育，社会意识形态直接影响人们的教育理念和心理状态，以及人们的世界观、道德观、人生观和价值观等观念。学生问题具有一定的社会性、时代性、地域性，心理咨询师、教育咨询师或教育心理咨询师的出现是社会发展的需要。一个优秀教育心理工作者，首先要有对社会意识形态领域的充分而深刻的认知，这也是探索学生问题的发生原因及解决方法的前提，同时，还必须具备心理学与教育学知识，掌握必要的咨询方法与技能。

许明月

2020 年 11 月于句月湖畔